자수 DIY
아름다운 자수

자수 DIY 아름다운 자수

2판 발행 | 2015년 2월 1일
저자 | 이승희   **발행인** | 이인구   **디자인** | 최혜진   **사진** | 이승희
출력 | 삼보프린팅   **종이** | 영은페이퍼   **인쇄** | 영프린팅   **제본** | 신안제책사
펴낸곳 | 한문화사   **주소** | 경기도 고양시 일산서구 강선로 9, 1906-2502
전화 | 070-8269-0860   **팩스** | 031-913-0867
전자우편 | hanok21@naver.com   **출판등록번호** | 제410-2010-000002호

ISBN | 978-89-94997-25-4 13630   가격 | 22,000원

이 책은 한문화사가 저작권자와의 계약에 따라 발행한 것이므로
이 책의 내용을 이용하시려면 반드시 저자와 본사의 서면동의를 받아야 합니다.
잘못된 책은 구입처에서 바꾸어 드립니다.

자수 DIY

아름다운 자수

이승희 지음

한문화사

들어가는 말

오늘날 우리의 전통자수는 기본기법의 바탕 위에서 문화적 환경의 변화와 발전된 다양한 재료와 도구를 이용하여 현대적으로 재해석되며 진화하고 있습니다. 우리 문화의 세계화 일환으로 그 어느 때보다도 전통문화에 대한 관심이 고조되고 있는 즈음, 한국 고유 이미지의 한 맥을 이루고 있는 전통자수에 대한 관심 또한 더욱더 필요한 시점이라 생각합니다.

섬유 예술의 꽃이라 할 수 있는 전통자수는 다양한 저의 내면의 모습을 부활시켜준 소중한 생명수 같은 존재입니다. 소재를 찾아다니거나 스케치할 때는 그림을 그리는 작가로, 긴 작업시간이 요구될 때는 인내와 묵상으로 수행자가 되어 자아 성찰의 기회로 삼곤 합니다. 특히 전통자수를 교육할 때는 실기와 이론에 온 힘을 다해, 학생들 속에 숨어 있는 보물을 발견하듯이 조심스럽게 그들의 장점을 찾아주면서 자수 일이 저 자신에게 주어진 사명이라 생각하고 있습니다.

사춘기 시절 말괄량이였던 나에게 전통자수를 권유하며 골동품에 대한 희소가치의 중요한 의미와 내면의 아름다운 영혼이 무엇인지를 가르쳐 주셨던 어머니. "시대는 변해도 진리는 변하지 않는다."라는 교훈을 주셨던 아버지. 이미 두 분은 고인이 되셨지만, 책을 준비하는 내내 저에게 보이지 않는 큰 힘과 위안이 되었고 정신적으로나마 두 분과 함께해온 시간의 결과물이라 생각합니다.

『아름다운 자수』는 섬유 예술의 장르 속에 전통자수의 미래를 준비하기 위한 책입니다. 내용은 자수에 대하여, 전통자수 기초다지기, 전통자수품 만들기, 현대생활에 자수 활용하기, 자수도안 이렇게 5개의 장으로 이루어져 있습니다. 만들기 과정에서는 수놓는 방법과 실기 과정을 글과 그림으로 설명하고 있어 전통자수의 섬세함과 우아함, 색의 아름다움과 오묘한 기법에 매료되어 행복한 자수여행을 시작하려는 초보자라면 누구나 쉽게 이해하고 습득할 수 있습니다. 전통자수를 배우고자 하는 모든 분에게 이 책이 좋은 교육 지침서가 될 것으로 자부합니다.

매일 반복되는 바쁜 일정 속에서 틈틈히 원고를 쓰며 자료를 준비하고 모든 작업과정을 사진촬영하여 정리하는 일까지, 많은 인내심이 요구되는 쉽지 않은 과정이었습니다. 하지만 어릴 때부터 나의 신체 일부처럼 체득화되어 함께 해 온 자수였기에 오랫동안 『아름다운 자수』를 준비해온 시간은 내 삶의 오감을 한층 더 즐길 수 있게 해준 아주 행복하고 멋진 시간이었습니다.

어린 시절 나에게 항상 긴장의 끈을 놓지 말라 요구하셨던 아버지의 교육 덕에 전통자수 40여 년의 세월에 대한민국 자수 명장이라는 영광스런 자리까지 올 수 있었음을 감사드리며 나에게 바른 삶과 깨달음을 주셨던 고인이 된 부모님께 이 책을 바치려 합니다.

또한, 바쁜 일정에도 불구하고 성심성의껏 자료 준비에 많은 도움을 주신 이승희 전통자수연구소 성인숙, 김은경, 곽은희 연구원 선생님들에게도 깊은 감사의 마음을 드립니다.

전통자수를 사랑하는 모든 이들이여! 자수를 "열심히 놓기"보다는 "정성을 다해 즐거운 마음으로 수를 놓으십시오."라고 주문하고 싶습니다. 한 땀 한 땀 온 정성을 들여 수를 놓듯이 전통자수를 통해 자기만의 아름다운 예술과 영혼의 세계를 키워나가시길 바랍니다.

2012년 12월

대한민국 자수명장

이승희

목차

들어가는 말

**제1장
자수에
대하여**

1. 자수의 의의　10
2. 자수의 변천　11
3. 자수의 종류　13
4. 자수도구와 재료　16

**제2장
전통자수
기초
다지기**

1. 시작과 마무리 방법　30
　수틀 메우기　30
　도안하기　36
　실 꼬기　38
　수놓기 기초와 마무리하기　41
　기본 바느질법　46
2. 자수 기본 익히기　51
3. 기초 자수기법　53
　점수　53
　선수　54
　이음수　55
　평수　60
　가름수　66
　매듭수(씨앗수)　72
　관수　74

자련수	76
솔잎수	81
자릿수	88
징금수	90
새털수	96
균열수(그물수)	98
칠보수	101
기러기수	109
사슬수	111
난십자수	113
삼각수	117

제3장
전통자수품 만들기

1. 골무　122
2. 바늘꽂이(바늘방석)　138
3. 귀주머니(옛주머니)　158
4. 수보자기　176

제4장
현대생활에 자수 활용하기

1. 머리끈　192
2. 양면거울　200
3. 브로치　212
4. 러너와 테이블 세트　222

제5장
자수 도안

1. 기초 도안　234
2. 응용 도안　236

chapter 1

제1장

자수에 대하여

1. 자수의 의의

2. 자수의 변천

3. 자수의 종류

4. 자수도구와 재료

1. 자수의 의의

천수국만다라수장(623년)_도판1

자수는 인간이 정착생활로 접어들면서 동물의 가죽을 잇고 엮어가는 생존 작업의 발전을 통해서부터이다. 자연에서 얻어지는 목초木草는 염색재료가 되고 자연의 이미지는 기하학적 문양의 원형으로 동물의 가죽이나 풀을 엮어서 만드는 형식의 직조 발달로 이어진다. 시대의 흐름에 따라 직조의 형식인 "짜다"라는 평면적인 표현에서 문양을 넣어 섬유를 개발해 오다 입체적인 표현 방식인 자수의 "놓다"라는 행위로 나타나게 된다. 자연에서 얻어지는 염색재료로 만든 오색실로 직조한 섬유 위에 자수기법을 이용하여 다양한 문양을 소재로 섬유의 표면에 장식하는 섬유예술 표현의 산물이다.

전통자수는 오랜 세월을 거치면서 종교와 문화, 풍속과 습관 등 지역적인 인간 삶과 함께 시대정신에 따라 변화하고 발전하였다. 인간의 본능인 아름다움을 추구하거나 소원을 기원하고 성취하는데 또는 신분과 계급을 나타내는 목적으로도 사용하였다. 한편으로는 근대와 현대사회로 접어드는 과정에서 산업화의 영향으로 예술성보다는 대량으로 산업자수의 직업군들이 생겨나는 원인이 되기도 하였다. 자수가 일상생활에 쓰이면서 실용성, 상징성, 시각적인 언어로 장식적인 면까지 발전하면서 섬유예술로 승화하는 모습도 보인다.

현대생활에서 자수는 주거문화와 정서적 인식의 변화와 함께 문화적 가치의 자산으로 주목받고 있다. 조형적인 섬유예술인 자수는 예술적인 측면과 함께 전통을 살리는 문화상품, 복식, 목기木器와 결합한 상품, 현대 패션 등 다양한 모습으로 발전하고 있다. 지금 우리의 전통자수는 시대적 요구에 따라서 다변화를 이루고, 문화의 가치를 창출하는 미의식과 감성으로서뿐만 아니라 여러 분야에서 매우 다양하게 자리매김하는 시점이다.

2. 자수의 변천

인간이 농경 생활로 접어들면서 수렵과 채취를 통해 동물의 가죽을 잇고 엮던 행위에서 벗어나게 된다. 본능적인 감성과 함께 점, 선, 면을 이용한 단순한 바느질의 행위로부터 기하학적이고 기호적인 문양을 살리면서 생활의 변화와 함께 실과 바늘로 여러 가지 자수기법들을 이용하여 점점 다양하게 발전하게 되었다.

전통자수는 신앙의 표현으로 주술적인 의식용 종교자수와 함께 장식성을 동반한 산물이기도 하였다. 점차 전통자수는 신분과 계급사회에서 지위의 차등을 두었으며, 왕족이나 귀족들이 생활하는데 권위를 나타내는 의례용과 복식服飾에 표현되거나 장식적으로 패용되기도 하였다. 또한, 자연의 심상, 상징적 의미와 스토리로 감상용 회수繪繡와 함께 생활 전반에 다양하게 표현되었다.

우리나라 전통자수의 역사를 살펴보면 삼국시대 이전부터 누에와 비단, 금실과 수를 놓은 옷을 입었다는 기록들이 여러 문헌에 나와 있다.『삼국지』위지 동이전에 "고구려 궁인들이 공적인 자리에 갈 때, 수놓은 비단옷을 입고 금은 자수를 놓아 치장을 하였다."라는 기록과『삼국사기』5세기 21대 소지왕 때 "금수색견錦繡色絹을 민간에서 사용했다.",『삼국사기』7세기 신라 진덕여왕이 당나라 고종에게 화친和親의 목적으로 오언태평송시를 수를 놓아 보냈다는 기록 등이 있다. 그리고 일본 연표에 의하면 340년경에 자수기술이 전해졌다고 기록되어 있다. 일본 나라奈良 중궁사中宮寺에 소장된 일본국보 천수국만다라수장天壽國曼陀羅繡帳은 "고구려 사람으로 알려진 가서일加西溢이 밑그림을 그리고 백제에서 온 봉채녀가 자수를 놓았다."고 기록하고 있다.

통일신라시대에는 불교가 국교로써 불교자수가 발달했던 때이다. 가마, 부채, 생활용품 등 불교문화 전반에 걸쳐 자수가 광범위하게 쓰이면서 불교 자수가 가장 왕성하던 시기이다.

고려시대

1023년 송나라 사신 서긍徐兢이 쓴『고려도경』에 "복식자수는 섬세하고 장식적인 각종 생활 물건에도 이용되기도 하였다."라고 기록되어 있다. 그리고 감상용 자수, 회수繪繡가 최초로 등장하는 시기이기도 하다.

조선시대

조선시대 전통자수의 대표적인 것은 흉배제도胸背制度이다. 흉배제도는 단종 2년에 제정하여 신분과 지위를 상징하는 문양으로 관복의 가슴과 등에 착용하였으며, 영조10년, 고종 8년에 몇 차례 개정되기도 하였다. 조선시대의 유교사상으로 여인들이 외출을 삼가는 일이 많았던 시절, 집안에서 생활환경으로 전통자수와 침선은 여인들의 유일한 덕목이었다. 신사임당의 초충도草蟲圖(새, 꽃, 곤충)수 병풍은 뛰어난 자수 솜씨와 함께 예禮, 지知, 덕德을 모두 갖춘 유일한 수단이었음을 엿볼 수 있다.

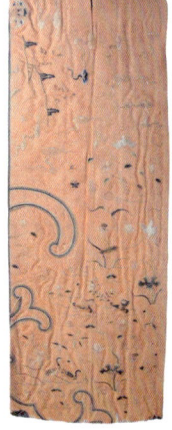

불경덮개/이학/자수문화

궁수宮繡

조선시대 수방繡房제도 하에서 궁중에 수방을 두어 12살이 채 안된 궁녀가 궁에 들어와서 전문적인 기술인으로 발전한 수방나인들이 제작한 전통자수가 궁수이다. 자수품을 제작하기 위한 밑그림은 전문적인 화공이 그렸고 수방나인들은 섬세하고 뛰어난 솜씨로 궁에서 쓰는 각종 자수품을 제작하였다.

민수民繡

섬세하고 색의 세련됨은 떨어지지만 서민의 소박한 생활에서 느껴지는 거친 수법과 땀새 등으로 표현되었다. 민수는 궁수 宮繡의 섬세한 자수의 밀도가 느껴지거나 정형화된 것보다는 자유분방한 인간적인 표현으로 해학적인 색채감과 도안들의 형태감 등 더욱 다양한 계층의 솜씨들을 엿 볼 수 있다.

3. 자수의 종류

자수의 종류는 시대에 따라서 감상용 자수, 복식자수, 생활자수, 종교자수 등 여러 가지 특성을 용도나 환경에 맞게 잘 나타내고 있다.

감상용 자수

감상용 자수는 자연이나 사물을 사실주의 그림처럼 섬세함을 자수로 표현하여 감상할 수 있는 용도로 제작한 것이다. 감상용 자수는 오랜 동안 숙련된 기술은 물론이고 많은 시간이 요구되는 작업으로 일부 귀족생활부터 민간생활에까지 쓰였는데 의례용이나 일상생활의 실용적인 면을 동시에 갖추었다.

백동자평풍수(繡) 부분/허동화/이렇게 좋은 자수

그 종류는 신수도 수 병풍繡屛風, 경작도 수 병풍, 사계분경도 수 병풍, 길상도 수 병풍, 백 동자 수 병풍, 백수백복 수 병풍, 십장생 수 병풍, 화조도 수 병풍, 어락도漁樂圖 수 병풍, 구운몽 수 병풍, 종정도 수 병풍, 문방기명도文房器皿圖 수 병풍, 효제도 수 병풍, 경작도 수 병풍, 문자도 수 병풍 등 집안에 안방, 사랑방에 전통자수의 용도와 특성을 잘 살려서 장식한다.

감상용 자수는 용도에 맞게 집안에 중요한 각종 관혼상제冠婚喪祭 때 의례용儀禮用이나 외풍外風을 막아주는 방한용으로 쓰였으며 모란, 산수도, 십장생, 연화 종류의 전통자수를 혼례식에 많이 사용했다.

복식자수

활옷수(繡)/허동화/이렇게 좋은 자수

인간생활의 의식주에서 입는 것 또한 매우 중요한 일이며 신분과 예를 갖추거나 치장하고 멋을 내는 요소는 다양하다. 조선시대의 대표적인 흉배제도는 법으로 재정되어 신분과 계급에 따라 국가에서 엄격히 지켜왔다.

신분과 계급을 나타내는 전통자수의 흉배胸背와 활옷은 시대의 변천과정에서 몇 차례 문양이 조금씩 변화하였다. 절대 권위를 나타내는 왕과 왕비 그리고 왕세자의 옷에는 하늘을 상징하는 둥근형 보補를 가슴과 등, 양 어깨 4군데에 부착하여 장식하였으며, 신하들은 땅을 상징하는 사각 형태와 문양으로 구별하여 왕권의 권위와 계급사회의 엄격함을 나타냈다.

활옷은 다홍색 비단에 화려하며 궁에서는 옹주의 대례복이었으나 조선중기 이후에 민간에게 혼인 할 때만 입을 수 있게 허락하였다.

생활자수

수(繡)노리개/허동화/이렇게 좋은 자수

생활자수는 실생활에 활용하는 것으로 갖가지 아름다움으로 실과 바늘이 다양하면서도 애정이 묻어있어 친근하면서도 그 시대의 삶이 가장 많이 느껴지는 자수이다. 종류는 노리개, 베갯모, 주머니, 안경집, 부채, 수젓집, 댕기 등 생활자수 속에 장식의 멋도 함께 갖추는 자수이다.

종교자수

종교자수는 종교의 특성에 따라 의식행사의 목적이 강하며 경전의 내용에 따라 장식이나 포교의 목적을 가지고 있다. 종교자수의 종류로는 샤머니즘의 의식용 자수, 불교 자수, 기독교 자수 등이 있다.

지장보살 수(地藏菩薩 繡)/이학/자수문화

샤머니즘 자수(원시자수)

원시자수는 고대의 제사장이 입고 의식을 했으며 세속과 자연의 섭리를 관장하기 위한 의식행위에 쓰였다. 그 종류로는 의식용 의복이나 의식용으로 머리에 쓰는 장신구 등, 허리나 신체에 매단 끈 등 여러 가지가 있다.

불교자수

우리나라에 불교가 전해지고 불교자수가 성행하던 4세기경을 불교자수의 유입시기로 보고 있다. 스님의 가사, 탱화 자수, 번幡 종류, 부처 방석, 연(사리 가마)에 장식된 괘불, 책 표지 등 다양하고 광범위하게 쓰였다. 불교가 우리나라 문화 전반에 끼친 영향은 크다. 그 속에서 자수도 한 장르로 함께 발전하는 계기가 마련되었다.

고려시대 한국자수의 특징을 잘 표현한 것으로는 보물 653호로 지정된 사계분경도 4폭 병풍과 불교자수의 기호산신도, 대각국사 스님의 가사 그리고 탁의卓衣 등 현존하는 유물들이 있다.

천주교, 기독교

천주교나 기독교는 미사나 말씀을 전하는 의식, 중요행사를 치를 때 쓰이거나 성직자가 착용한다. 종교적인 특성인 메시지를 전하는 의식에 따라 색상에 의미를 두고 문양은 종교의 상징성으로 제작되었다.

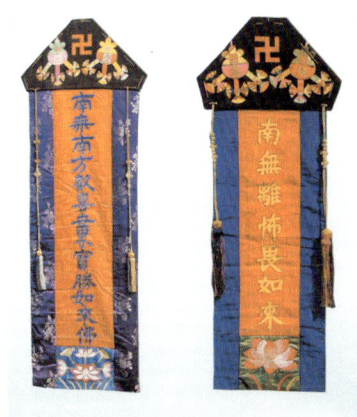

수번(繡幡)/이학/자수문화

4. 자수도구와 재료

자수도구

도구는 어떤 일을 할 때 잘 활용함으로써 편리하고 일의 효율성을 높여준다. 자수는 오랜 시간을 요하는 작업이기 때문에 이런 도구들은 작업자의 작업환경에 매우 중요한 역할을 한다. 자수의 도구 및 일반재료는 시대에 따라 편리해져 작업자가 오랜 시간 작업을 해도 영향을 미치지 않고 편안하게 자수를 놓을 수 있는 작업 환경에 도움이 되고 있다.

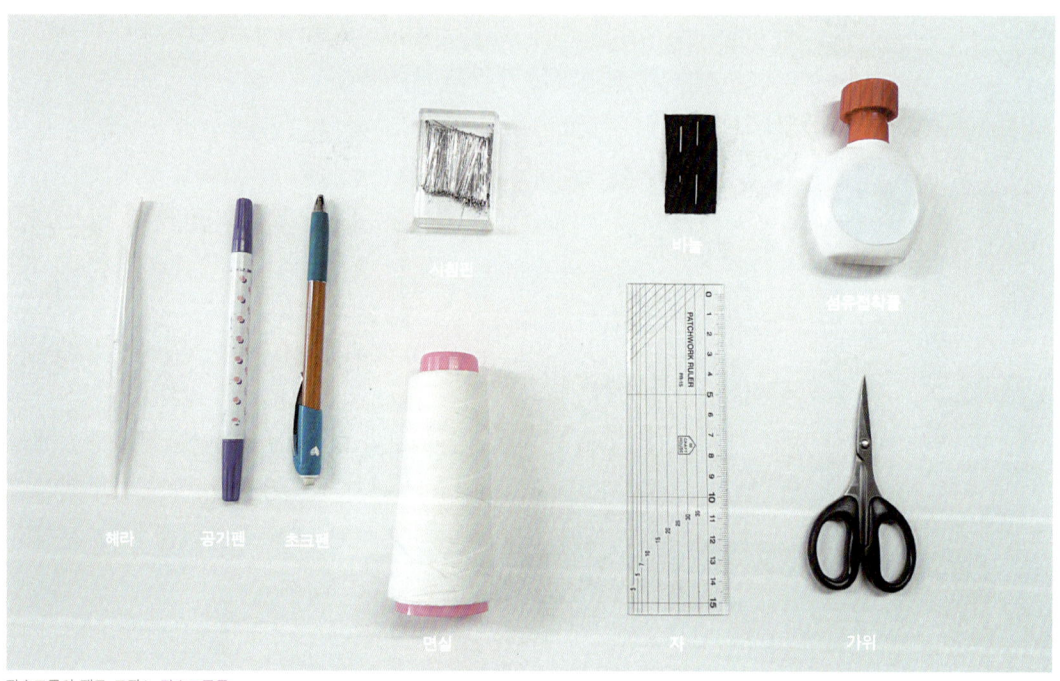

자수도구와 재료_도판1 자수도구들

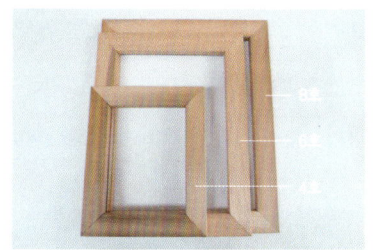

자수도구와 재료_도판2 사각수틀

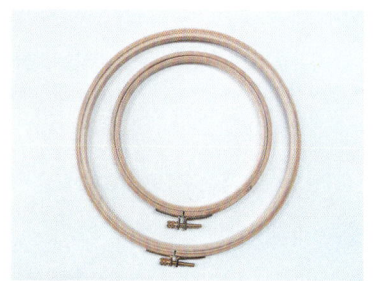

자수도구와 재료_도판3 둥근수틀

자수도구와 재료_도판4 수틀받침대(입식형)

자수도구와 재료_도판5 수틀받침대(좌식형)

수틀 도구

수틀은 바탕천을 탄력있게 유지하는 매우 중요한 도구로써 자수 작업을 수행하는데 가장 기본이 되는 요소이다. 수틀이 튼튼하지 않거나 팽팽함을 유지하지 못하면 자수가 끝날 때까지 매우 불편하여 작업을 원활히 끝마치기가 어렵다. 종류는 사각 수틀, 둥근 수틀 등이 있다.

사각수틀 사각수틀 사용에는 두 가지 방법이 있다.

첫째, 천의 두 면에 풀을 붙이고 나머지 두 면은 힘받이 천을 이용하여 압정으로 고정시키는 방법

둘째, 사각을 모두 힘받이천을 이용하여 압정으로 고정시켜 천을 팽팽하고 탄력있게 유지하면서 수틀을 메우는 방법

둥근수틀 둥근수틀은 천의 작업 위치를 정하고 바탕천을 바로 끼워서 팽팽함을 유지한다.

수틀 받침대

입식형 의자에 앉아 자수 작업을 할 때 사용하며 키에 따라서 높이를 달리한다.

좌식형 앉아서 자수 작업을 할 때 사용하며 앉은키에 따라 높이를 달리한다.

바늘

자수 작업에서 가장 중요한 도구이다. 바늘은 실의 굵기와 종류, 바탕천의 종류에 따라서 굵기를 선택하여 사용한다. 바늘의 번호가 클수록 가늘다.

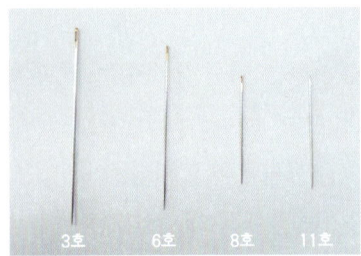

자수도구와 재료_도판6 바늘

주의_
바늘은 분실 시 안전사고를 예방하기 위하여 항상 바늘꽂이에 꽂아 보관하거나 작업대에 꽂아 두어야 한다.

바늘_
바느질 용도는 3호, 6호, 수 놓는 용도는 8호, 11호가 좋다.

펜

도구 중에서 가장 발달한 도구는 펜 종류이다. 과거에는 바탕천 위에 사용할 수 있는 펜의 종류가 많지 않았으나 지금은 작업에 맞는 펜들이 다양하다. 설명에 따라 편리하게 선택하여 사용한다.

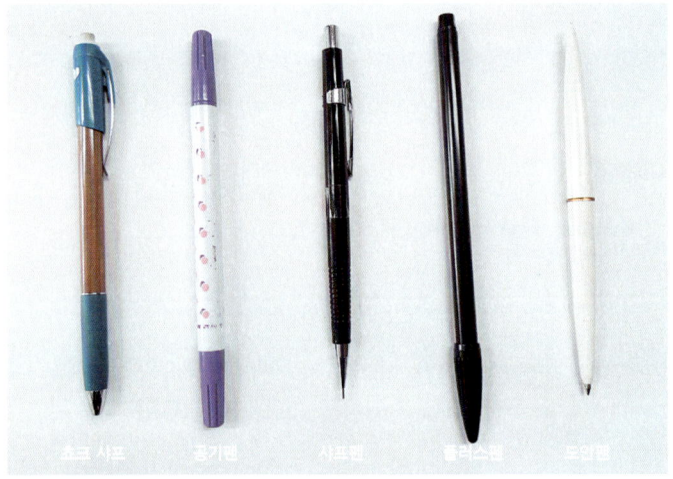

자수도구와 재료_도판7 펜

초크 샤프 샤프심으로 바탕천의 색에 따라 색상을 고려하여 사용한다.

공기 펜 바탕천에 쓰며 사용 후 일정 시간이 지나면 그려 놓은 것이 사라지는 특징이 있다.

샤프 펜 바탕천의 수놓을 도안을 수정할 때 사용한다.

플러스 펜 자수 도안할 때 쓰이는 수성 펜이다.

도안 펜 도안할 때 복사지 위에 그리는 촉이 가는 펜이며 내용물이 없는 것일수록 좋다.

주의_
수틀이나 작업대 위에서 볼펜이나 다른 유성 펜 종류의 사용은 절대 금물이다.

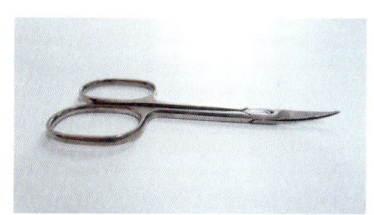

자수도구와 재료_도판8 자수가위

가위

가위는 천을 자르거나 자수실의 끝처리를 도와주는 역할이다. 종류는 자수가위, 마름질가위 등이 있다.

자수가위 자수 작업 시 실의 끝처리에서 실을 잘라내는데 사용하며 가위 끝이 올라가 있어 수실을 자르는데 용이하다.

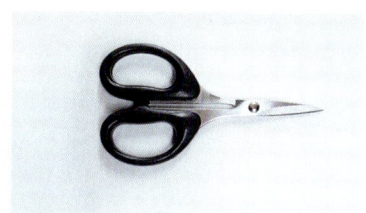

자수도구와 재료_도판9 마름질가위

마름질가위 마름질 할 때 쓰는 가위로 작은 소품들을 만들 때 천에 가위집을 내거나 자르는데 편리하게 사용한다.

자

옷감의 간격이나 치수를 잴 때 사용한다.

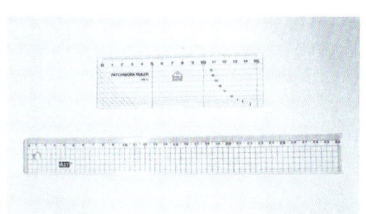

자수도구와 재료_도판10 자

골무 틀

골무의 형태를 만들 때 사용한다.

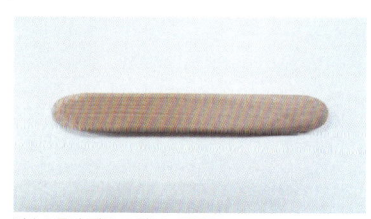

자수도구와 재료_도판11 골무틀

압정, 시침핀

압정 수틀을 메울 때 바탕천을 수틀에 고정시키기 위해 사용한다.

자수도구와 재료_도판12 압정,시침핀

시침핀 도안이나 천과 천을 연결하여 고정시킬 때 등 용도에 맞게 쓴다.

자수재료

천 재료

천 재료는 자수를 놓는 천, 규방 천, 보조 천 등 여러 가지 종류가 있으며 어떤 작업을 하느냐에 따라서 천의 종류를 먼저 결정하고 난 다음 천의 색상과 두께를 선택하게 된다.

자수도구와 재료_도판13 견 종류

견(絹)종류 공단, 모본단, 운문단, 명주, 옥사, 갑사, 모시, 마

면(棉)종류 무명, 옥양목

기타 천 다양한 종류의 천

자수 놓는 천 (바탕천)

수를 놓을 수 있는 천의 종류는 여러 가지가 있다. 그 중에서 견(絹) 종류가 천의 두께감과 재질감에서 가장 작업하기에 좋으며 고급스러움과 광택감은 최상이라 할 수 있다. 이러한 특징에다 문양과 색상, 종류가 다양하여 수를 놓는데 많이 쓰인다.

규방 천 규방에 쓰이는 생활 보자기 및 여러 가지 소품들을 만드는데 쓰는 천 또한 다양하다. 종류로는 단(緞) 종류, 사(紗)종류, 면(綿)종류 등 매우 다양하다.

자수도구와 재료_도판14 갑사, 옥양목, 마, 무명, 모시

기타 보조 천

자수도구와 재료_도판15 광목천

광목 천 두터운 광목천으로 수틀을 메우기 위한 힘받이천(보조 천)으로 바탕천과 이어서 사용한다.

자수도구와 재료_도판16 접착천

접착 천 천의 한쪽 면에 풀이 있어 용도에 맞게 다림질로 접착시켜 사용한다.

도안 재료

자수의 밑그림을 바탕천에 옮기기 위하여 도안에 필요한 재료는 중요하다. 도판과 같이 여러 가지 재료가 있으며 그 종류는 복사지, 유산지, 셀로판지, 플러스펜, 도안펜, 핀 등이 있다.

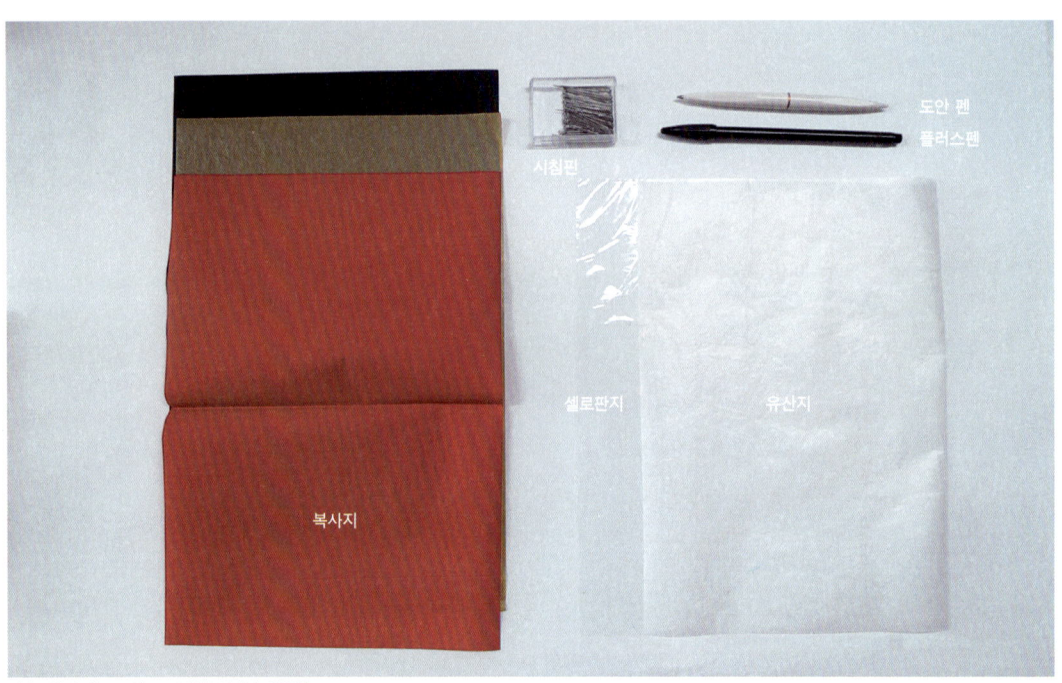

자수도구와 재료_도판17 도안할 때 쓰는 재료들

도안할 때 쓰이는 재료들 복사지, 유산지, 셀로판지, 플러스 펜, 도안 펜, 시침핀

복사지

복사지는 바탕천에 도안을 옮길 때 쓰며, 천의 색에 따라 색상을 정한다. 바탕천이 연한 색이면 진한 복사지를 사용하고 바탕천이 진한 색이면 연한 복사지를 사용한다.

유산지, 셀로판지

유산지 밑그림을 그리는데 사용한다.

셀로판지 밑그림 유산지를 보호하는 종이다.

플러스 펜

유산지에 도안을 옮길 때 사용하는 수성 펜이다.

도안 펜

도안 위에 셀로판지를 올려놓고 선을 따라 바탕천 위에 도안을 그릴 때 사용한다. 도안 펜은 촉이 가는 펜이며 내용물이 없는 것일수록 좋다.

실 재료

자수에서 실은 매우 중요한 재료이다. 실의 종류는 전통자수를 놓을 때 쓰는 실, 규방자수를 꾸밀 때 쓰는 실, 기타 보조 실들이 있다. 자수를 놓을 때 쓰는 실은 바탕천 종류의 선택에 따라 다른데 전통자수에 많이 쓰는 명주나 비단 종류는 명주실로, 면 종류의 바탕천에는 면 성질이 있는 실을 사용한다. 그 밖에 자수를 표현하는 다양한 여러 가지 재료를 가시고 도 쓸 수 있다.

전통자수실의 종류

명주실은 누에에서 얻어지며 수놓을 때 가장 많이 쓰는 실이다. 전통자수의 실은 재료의 한계는 있지만 밑그림에 알맞게 꼬임과 굵기를 달리하여 여러가지로 선택해서 쓴다.

푼사 꼬임이 없는 명주실

자수도구와 재료_도판18 푼사

반꼰사 푼사실로 꼬임이 적은 실

자수도구와 재료_도판19 반꼰사

꼰사 푼사실로 실의 꼬임이 많은 실

자수도구와 재료_도판20 꼰사

깔깔사 명주실로 실의 한 가닥을 꼬임의 횟수를 달리해서 꼰 실이다. 거친 질감을 표현하는 데 쓰이는 실이다.

자수도구와 재료_도판21 깔깔사

은사 은색이며 광택이 난다.

금사 금색이며 광택이 난다.

색 금사 다양한 색이 있으며 광택이 난다.

자수도구와 재료_도판22 은사, 금사, 색금사

규방 생활소품을 꾸밀 때 쓰는 실

견사 실크 실이며 바느질할 천의 색상에 따라 쓰인다.

수놓는 면사 실(십자수실)

기타 보조 실

바느질 면실 바탕천과 힘받이천을 연결할 때나 시침할 때 사용한다.

자수도구와 재료_도판23 견사

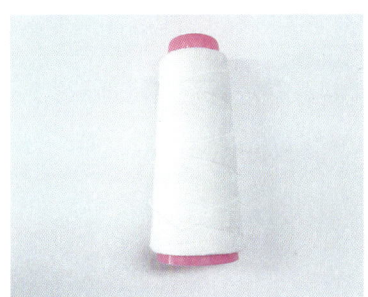
자수도구와 재료_도판24 면실

자수도구와 재료_도판25 면사 실(십자수실)

자수도구와 재료_도판26 문방풀

접착제 종류

접착제는 문방 풀과 섬유를 접착할 수 있는 섬유접착풀 두 종류이다.

문방 풀

일반 밀가루 풀과 곡물류를 대신하는 풀로써 수실 뒷면 정리할 때나 한지를 바를 때 사용하는 풀이다.

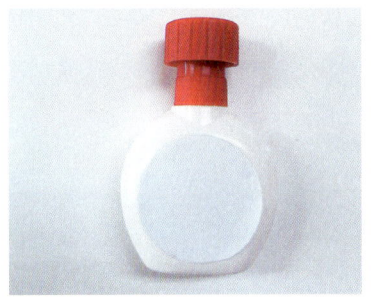
자수도구와 재료_도판27 섬유접착풀

섬유접착풀

섬유를 접착할 때 쓰며 접착력이 좋다. 물을 묻히면 부드러워지거나 떼어 낼 수 있는 특징이 있다.

주의_
섬유접착풀는 바르면 금방 딱딱해지는 단점이 있어 사용 시 유의해야 한다.

기타 보조재료

광목 배접지

배접지는 생활소품을 만들 때 일정한 형태를 유지시키기 위하여 속에 넣는 용도로 쓴다. 광목으로 한 겹 한 겹 붙여서 배접한 것으로 용도에 알맞게 사용할 두께를 고려한다.

자수도구와 재료_도판28 광목 배접지

chapter

2

제2장

전통자수
기초
다지기

1.
시작과
마무리 방법

2.
자수 기본
익히기

3.
기초
자수기법

1. 시작과 마무리 방법

1/ 수틀 메우기

자수에서 수틀 메우기는 기본적인 일로 매우 중요하다. 수틀을 메우는 방법은 여러 가지가 있는데 수를 놓는 시간이 많이 소요될 수도 있으므로 더 편리하고 위생적인 방법을 선택하면 된다. 수틀의 사용목적은 자수를 완성할 때까지 바탕천 위의 도안을 팽팽하고 탄력 있게 지탱해 줌으로써 좌우 원형을 그대로 유지시켜 수 작업이 불편하지 않고 잘 진행되도록 하는 데 있다.

수틀 메우기_도판1-1

재료와 도구

사각수틀

바탕천과 힘받이천
광목: 가로 2장, 세로 2장

압정
바늘
가위

굵은면실

방법

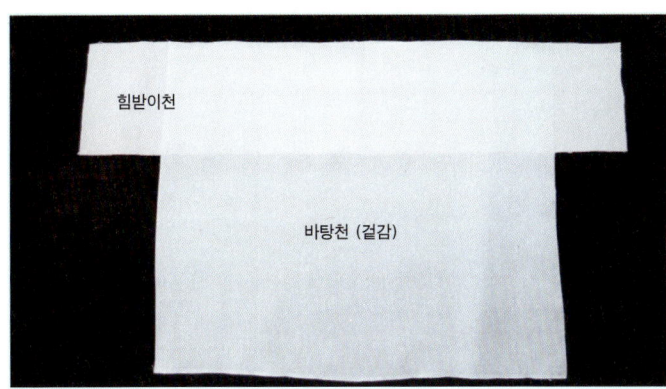

수틀 메우기_도판1-2

바탕천(겉감)은 위쪽에 힘받이천(광목)은 밑에 놓는다. 힘받이천은 가로 2장, 세로 2장을 사각수틀의 가로 세로 길이 보다 각각 5cm 이상 여유있게 준비한다.

수틀 메우기_도판1-3

가로와 세로 각각 두 개 천의 양쪽 간격은 같게 하고 바탕천의 가로, 세로 중 긴 쪽을 먼저 시작하는 것이 좋다.

수틀 메우기_도판1-4

바탕천(겉감)과 힘받이천을 시침핀으로 고정한다.

모서리 4곳을 모두 1cm 정도 박음질 한다. 나머지는 모두 홈질로 바느질 해 놓는다.

수틀 메우기_도판1-5 박음질

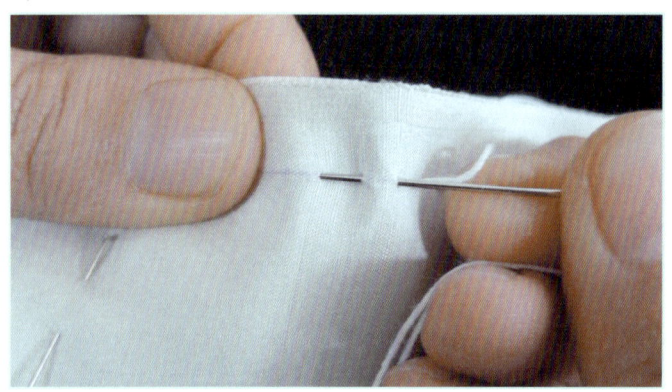

나머지는 모두 홈질로 바느질 해 놓는다.

수틀 메우기_도판1-6 홈질

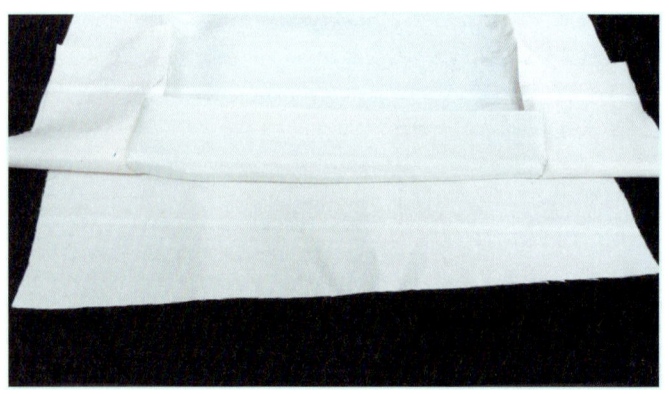

길이가 짧은 나머지 두 면도 바탕천을 위에 힘받이천(광목)은 밑에 두고 같은 방법으로 잇는다.

수틀 메우기_도판1-7

수틀 메우기_도판1-8

길이가 짧은 천을 이을 때는 겉감 밑에 힘받이천을 둔 상태에서 모서리 부분의 시접을 세운다.

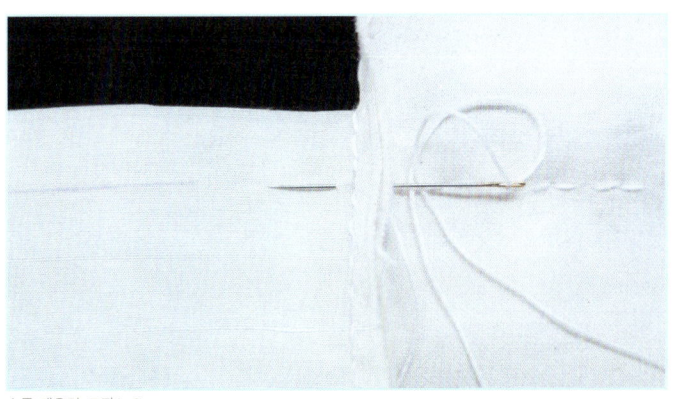

수틀 메우기_도판1-9

세운 시접을 1cm 정도 박음질하고 나머지는 홈질한다.

재봉틀 작업 시 네 모서리 겹치는 곳의 시접은 바깥쪽으로 꺾이게 박아야 한다.

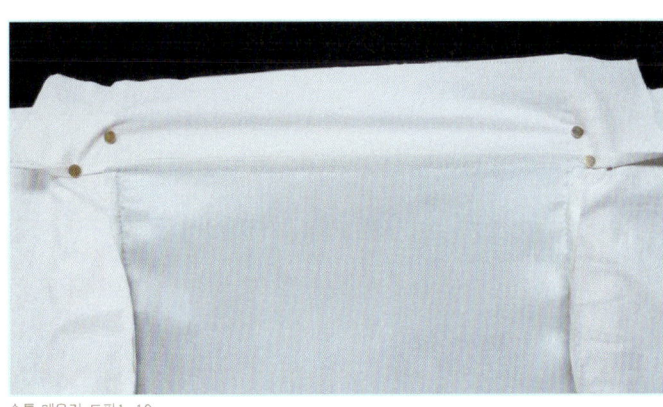

수틀 메우기_도판1-10

08번까지 이은 천(바탕천과 힘받이천)을 사각수틀 위에 올려 놓고 길이가 긴 쪽부터 시작하여 천이 고루 퍼지면서 팽팽히 당겨지도록 압정으로 네 면을 고정한다.

(압정 꽂는 순서 참조)

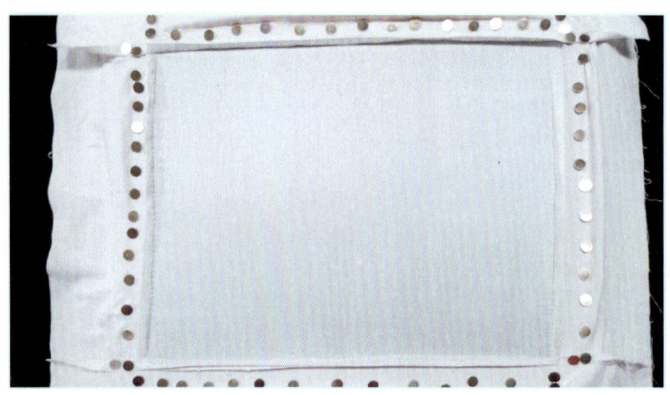

수틀 메우기_도판1-11

10

왼쪽 도판과 같이 압정을 네 면에 모두 꽂은 후 남은 천은 잘 접어 정리한다.

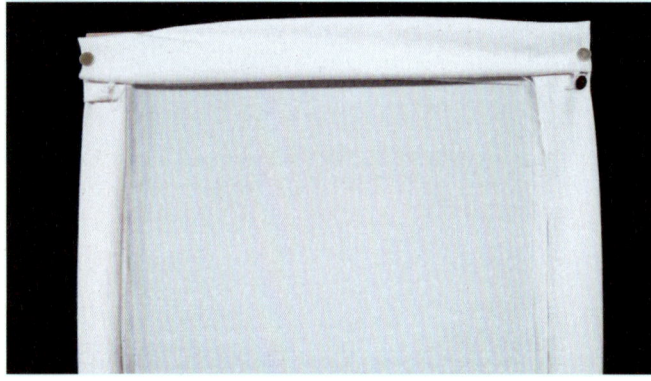

수틀 메우기_도판1-12

11

도판1-12와 같이 시접을 아래로 향하게 두면 바탕천과 힘받이천 시접에서 풀린 실이 서로 엉켜 수놓는데 불편할 수 있다. 그러므로 사전에 시접이 풀리지 않도록 바탕천과 힘받이천 가장자리를 모두 오버룩 하면 사전 방지할 수 있다. 이 수틀메우는 방법은 작업자에 따라 다소 다를 수 있다.

Tip_
시접을 위로 향하게 하는 것은 수 놓을 때 밑에서 실끼리 서로 엉키는 것을 방지하기 위함이다.

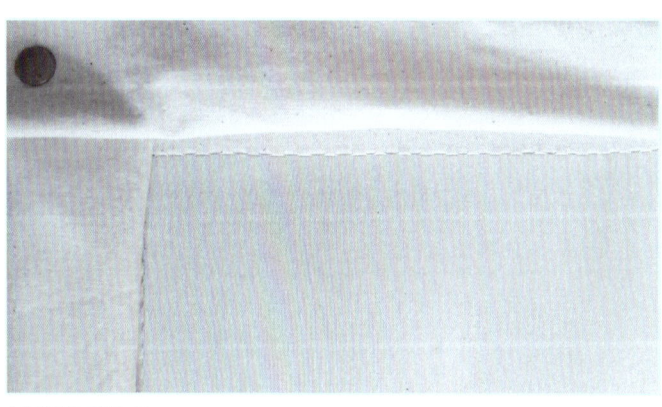

수틀 메우기_도판1-13

제2장 전통자수 기초 다지기 — 시작과 마무리 방법

수틀 메우는 방법

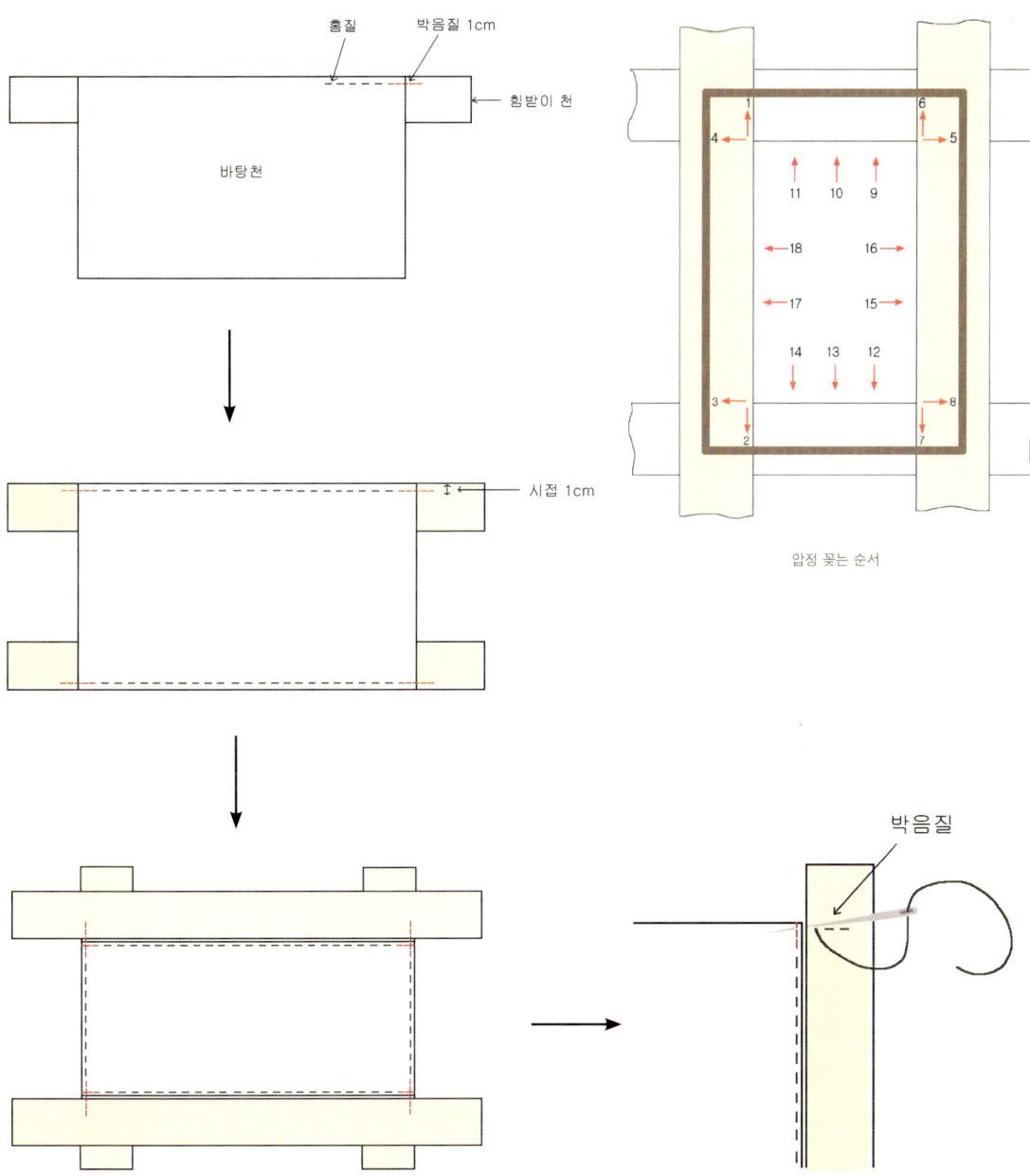

압정 꽂는 순서

2/ 도안하기

도안은 수놓을 바탕천에 복사지를 이용하여 밑그림을 옮겨 그리는 작업이다. 기본적으로 도안이 잘 그려져야 좋은 작품도 기대할 수 있다. 따라서 도안은 자수의 초기단계에서 매우 중요한 요소 중 하나다.

재료와 도구

도안하기_도판2-1

방법

도안하기_도판2-2

유산지에 그려진 도안(밑그림)을 바탕천 위 알맞은 위치에 올려놓고 시침핀으로 고정한다.

Tip_
복사지 색상은 서로 대비되는 색으로 바탕천이 연한 색상일 때는 진한 색의 복사지를, 진한 색상일 때 연한 색의 복사지를 사용하는 것이 좋다.

도안하기_도판2-3

02

복사지를 바탕천과 도안 사이의 도안할 위치에 조심스럽게 끼워 넣는다.

도안하기_도판2-4

03

도안 위에 셀로판지를 대고 도안펜으로 선을 따라 바탕천 위에 도안을 그린다. 매끄러운 셀로판지를 놓고 도안을 하는 이유는 도안을 보호하기 위해서다.

도안하기_도판2-5

04

복사지를 빼내면 바탕천에 그려진 완성된 도안을 확인할 수 있다.

도안하기_도판2-6

완성된 도안 모습.

3/ 실 꼬기

수 놓는 작업에서 실은 단계별 색상변화를 표현하는 등 작품의 완성도에 영향을 미치는 핵심 요소로 실 꼬기 또한 매우 중요한 기초 작업이다. 실을 꼴 때는 주로 푼사를 이용하며 실을 돌리는 횟수에 따라 반꼰사와 꼰사로 나누고 실의 양에 따라서 굵기가 달라진다.

푼사: 꼬임이 전혀 없는 명주실(실 재료 참고)

재료

푼사, 압정 또는 핀

방법

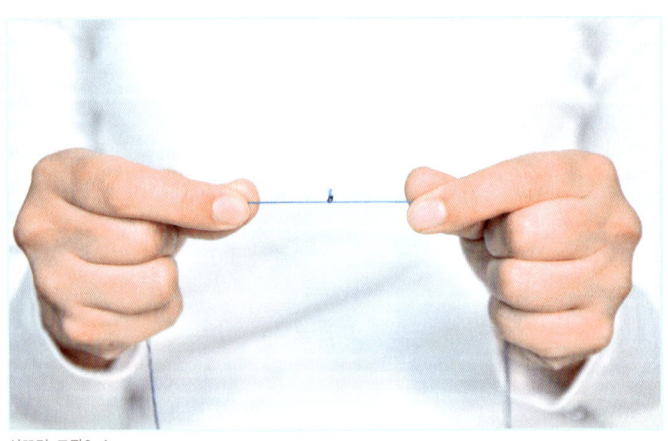

실꼬기_도판3-1

길이와 가닥 수가 같은 두 개의 실을 도판과 같이 매듭 짓는다.

제2장 전통자수 기초 다지기　　시작과 마무리 방법

매듭을 중심으로 고정 핀에 걸어 고정시킨다.

실꼬기_도판3-2

두 개의 실을 합쳐 고정 핀에 묶는다.

실꼬기_도판3-3

오른손 엄지 사이에 실을 끼워 두 손바닥이 일치하도록 오른손은 위쪽에 왼손은 아래로 한다.

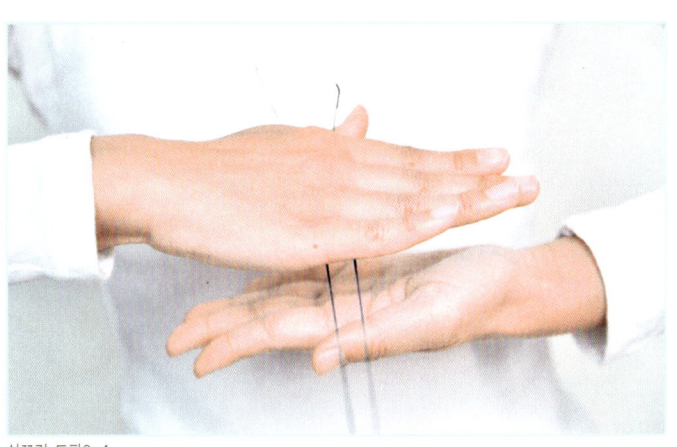

실꼬기_도판3-4

05

양 손바닥의 면적을 충분히 이용하여 오른쪽으로 7~8회 정도 반복해 비빈다.

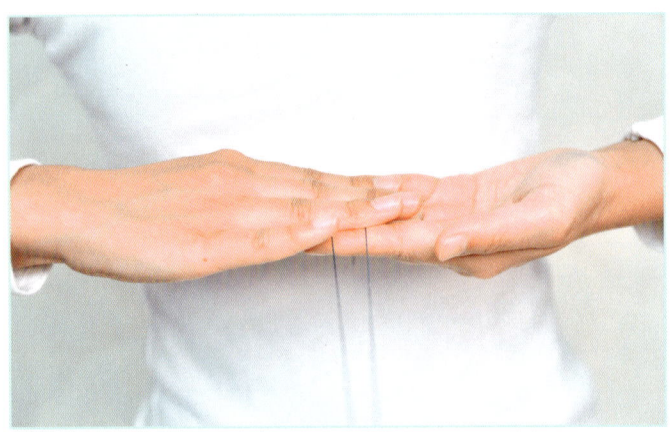

실꼬기_도판3-5

06

오른쪽 횟수를 다해 꼰 다음 두 가닥의 실을 서로 합친다.

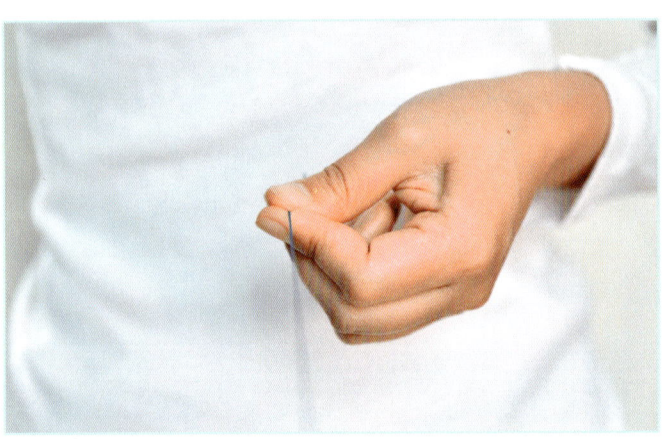

실꼬기_도판3-6

07

이번에는 반대로 왼손을 위쪽에 두고 왼손 엄지 사이에 합친 실을 끼워 왼쪽 방향으로 비빈다. 초보자인 경우 7회에서 숙련되면 점차 줄여서 3~4회까지 꼰다.

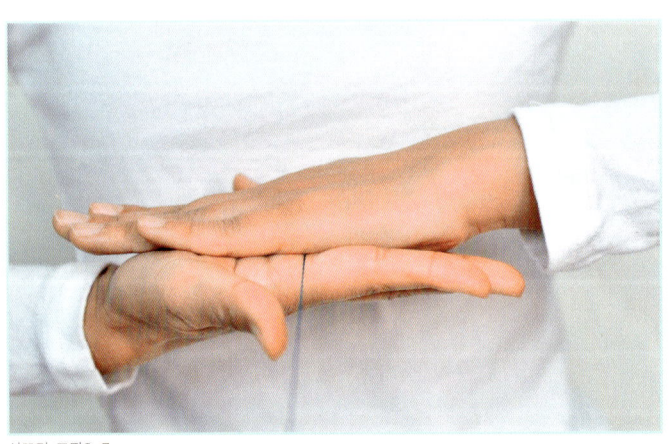

실꼬기_도판3-7

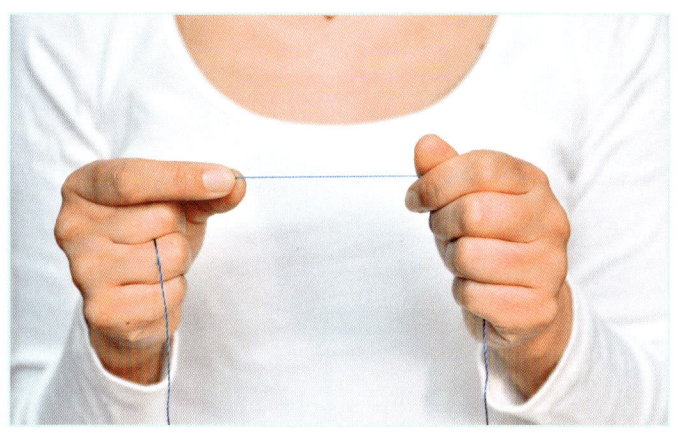

실꼬기_도판3-8

고정 핀에서 꼰 실을 가위로 잘라내고 실 끝의 지저분한 부분은 잘 정리해서 꼰사를 완성한다.

Tip_ 실 꼬는 요령
실은 오른쪽으로 꼬는 횟수가 중요하다. 오른쪽 횟수가 적고 왼쪽 횟수가 많을 경우 실이 잘 꼬이지 않는다. 초보자인 경우 오른쪽으로 20회부터 시작하여 점차 3회씩 줄여가며 7회까지 하면 알맞은 꼰사가 된다.

4/ 수놓기 기초와 마무리하기

수놓기에 앞서 먼저 할 일

1. 전체적인 도안(밑그림)을 이해한다.
2. 도안 이미지에 맞는 바탕천과 실의 종류, 굵기, 색상을 정해 둔다.
3. 도안에 알맞은 자수 기법을 정한다.

수놓기 기본 지식

1. 손 자세

손은 수틀을 사이에 두고 양손을 번갈아 가며 사용한다. 어떤 자세로 작업에 임하느냐에 따라 개인적인 차이는 다소 있을 수 있으나, 손의 위치나 자세는 작업시간이나 테크닉한 부분까지도 영향을 주기 때문에 중요하다.

저자의 예

수놓기 기초와 마무리하기_도판4-1 　　　수놓기 기초와 마무리하기_도판4-2 　　　수놓기 기초와 마무리하기_도판4-3

01	02	03
수틀을 사이에 두고 오른손은 아래, 왼손은 위에 두고, 바늘이 바탕천을 통과하여 올라올 때 엄지와 집게손으로 받아 잡는다.	엄지와 집게손으로 받은 바늘을 바로 그 위치에서 바늘귀가 있는 끝을 중지에 올려 놓는다.	손목을 숙이면서 중지를 뒤로 빼고 엄지는 위로 올려주면서 바늘을 정확히 꽂아 넣는다.

2. 바탕천 위에 매듭짓기

수를 시작할 때 실의 매듭은 바탕천 위로 하고 점수를 두 번 놓는다. 점수 두 번은 매듭을 대신하는 방법이다.

주의
수 놓을 공간 속에 위치하여 점수를 놓는다.

수놓기 기초와 마무리하기_도판4-4

3. 수를 시작할 때와 끝낼 때의 수칙

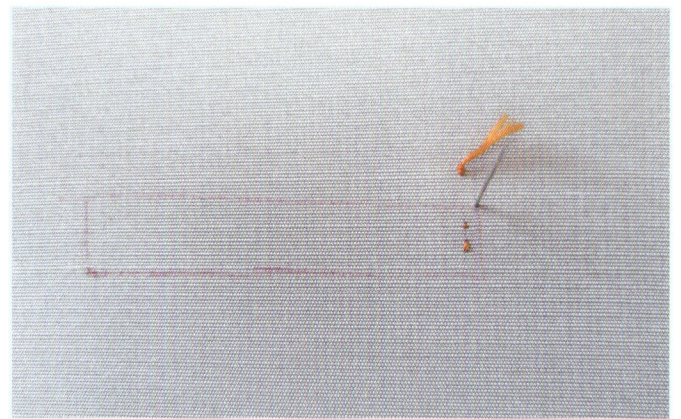

수놓기 기초와 마무리하기_도판4-5

시작할 때,

실의 매듭은 바탕천 위에 짓고, 점수를 2번 놓아 시작한다.

수놓기 기초와 마무리하기_도판4-6

끝낼 때,

수를 놓고 실을 끊어야 할 때는 이미 놓인 수실 속에 점수 2번을 감쪽같이 숨기고 자투리 실은 끊어낸다.

Tip_ 겹수와 홑수

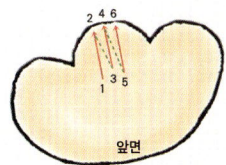

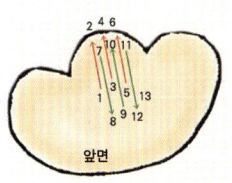

겹수

수 앞면과 뒷면의 공간에 실이 채워진다. 형태를 나타낼 때는 거의 겹수이다.

홑수

자련수를 놓을 때 앞면을 채우고 뒷면은 점으로만 나타난다.

완성 자수 정리하기

전체적으로 자수가 미완성된 곳은 없는지 꼼꼼히 살펴본다.

1. 실 정리

수틀 뒷면에 불필요한 실은 제거하고 먼지를 털어낸다.

수놓기 기초와 마무리하기_도판4-7

2. 풀(문방 풀) 바르기

바탕천에 풀이 묻지 않도록 주의하면서 수가 놓인 부분의 뒷면에 붓이나 면봉을 이용하여 풀(문방 풀)을 적당하게 바른다. 도중에 바탕천에 풀이 묻으면 면봉에 물을 묻혀 조심스럽게 닦아내면 된다.

수놓기 기초와 마무리하기_도판4-8

3. 말리기

통풍이 잘되는 반그늘에서 말린다.

4. 김 쐬기

금사종류로 수를 놓았을 때는 반드시 완성된 수 뒷면에 김을 쐬어준다.

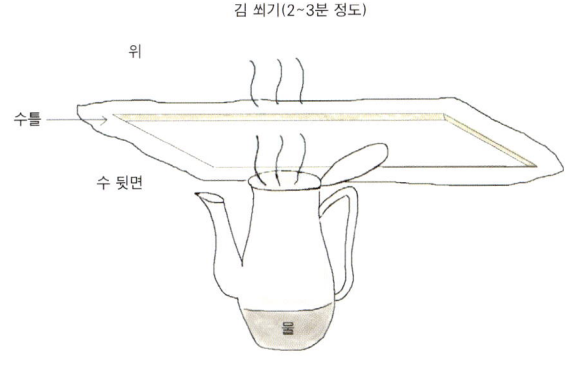

5. 완성된 수를 수틀에서 분리하기

수틀에서 압정을 모두 뽑아내고 완성된 바탕천과 힘받이천을 수틀에서 분리하여 떼어낸다.

완성된 자수 보관하기

완성된 자수는 앞면과 뒷면에 부드러운 흰색 습자지를 대고 구겨지지 않게 잘 펴서 보관하거나 말아서 보관한다. 습기가 있는 곳은 금물이다. 자수품에 닿지 않게 제습제를 넣어 통풍이 잘되는 곳에 보관한다.

5/ 기본 바느질법

시접 접기

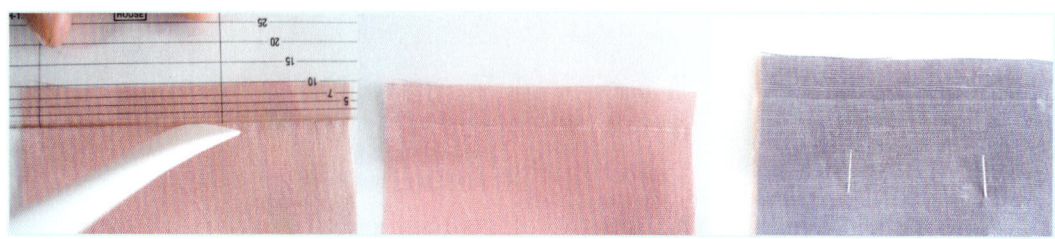

기본 바느질법_도판5-1   기본 바느질법_도판5-2   기본 바느질법_도판5-3

플라스틱 자를 대고 헤라 도구를 이용하여
시접 처리할 부분에 선을 긋는다.

천을 서로 맞대어 시침핀으
로 고정시킨다.

바느질 종류

1. 홈질

일반적으로 가장 편하고 흔히 사용되는 바느질법으로 용도나 천의 두께에 따라서 홈질의 간격과 크기를 조절한다.

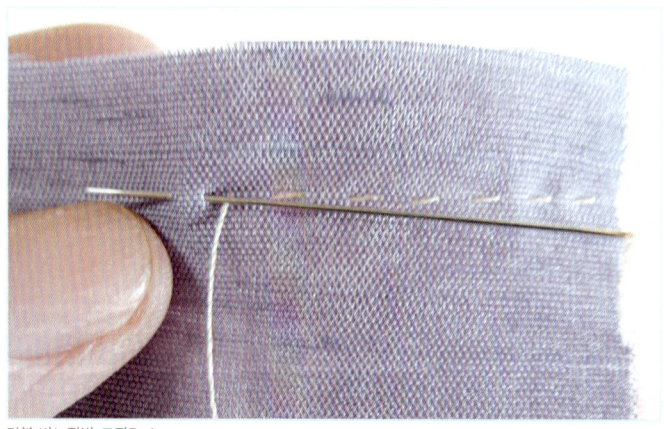

기본 바느질법_도판5-4

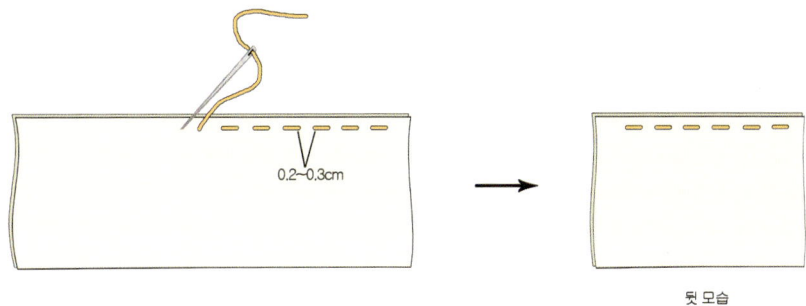

뒷 모습

2. 박음질

박음질은 천의 솔기를 견고하게 하고 재봉틀에서 나타나는 바늘땀의 형식을 갖춘다.

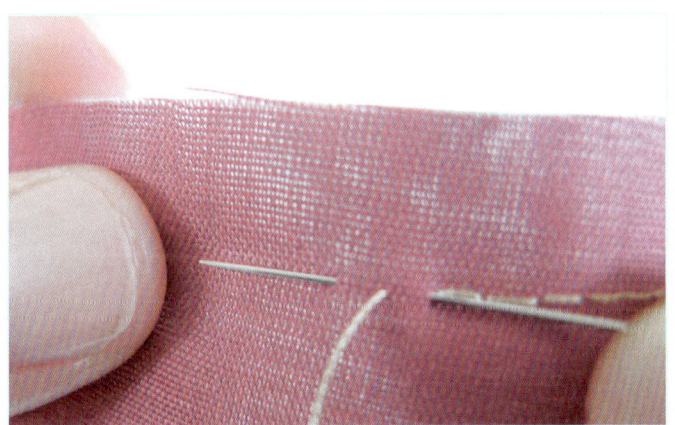

기본 바느질법_도판5-5

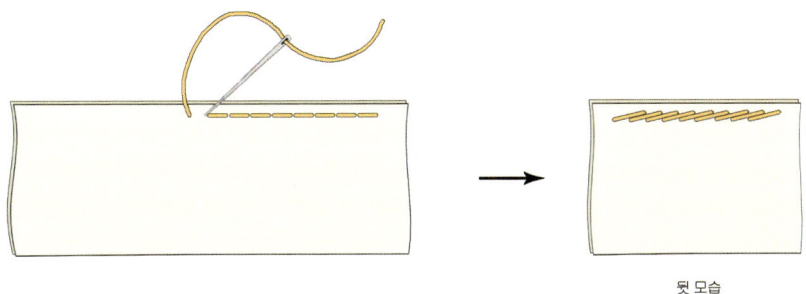

뒷 모습

3. 반박음질

반박음질도 박음질처럼 한 땀 뒤로 가되 박음질의 $\frac{1}{2}$정도만 되박음질 한다. 박음질보다는 덜 견고하고 홈질보다는 튼튼한 바느질법이다.

기본 바느질법_도판5-6

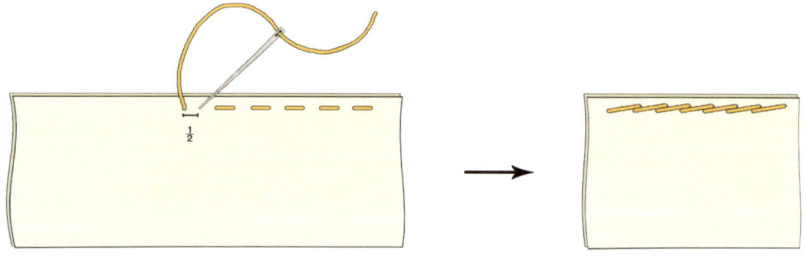

4. 감침질

규방공예에 다양하게 쓰이며 바늘땀을 일정하고 고르게 하여 조각 천이나 서로 다른 천을 이을 때 많이 사용하는 바느질법이다. 바탕천을 고려해서 감치는 실의 색상과 굵기를 알맞게 선택한다. 바탕천의 색상과 동일하거나 조화가 잘 되는 색상은 장식미적인 효과도 기대할 수 있다.

기본 바느질법_도판5-7

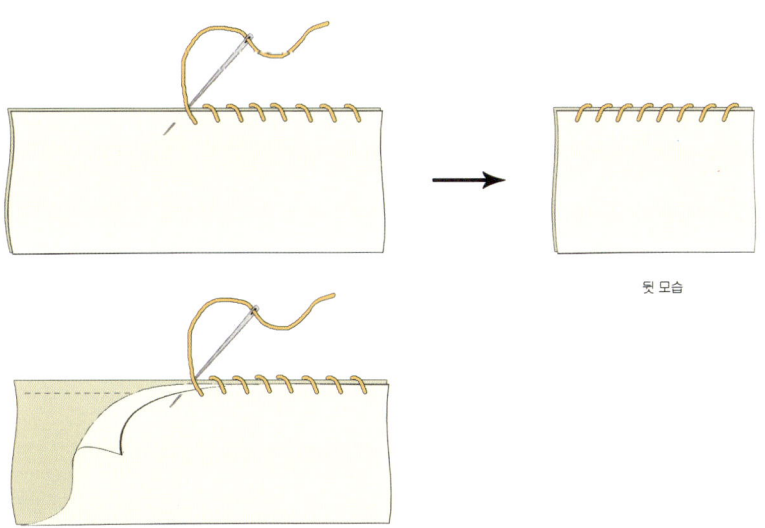

뒷 모습

5. 공그르기

실이 밖으로 나오지 않게 천 속에 숨기는 바느질법이다. 홑 보자기나 고운 바느질을 할 때 쓰며 바늘땀과 실의 당김에 주의한다.

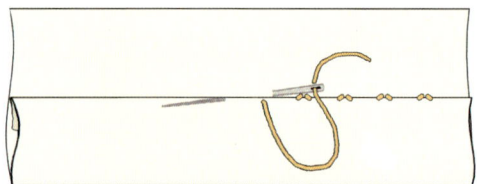

6. 사뜨기

실용적이고 장식성이 매우 강하여 규방공예에 필수적인 바느질법이다. 서로 다른 천을 잇거나 장식할 때 주로 쓰인다. 실의 색상은 천과 대비되는 색을 많이 사용하나 다양한 색상으로 표현하여 장식하기도 한다.

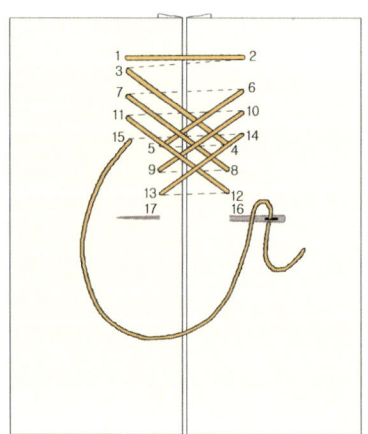

2. 자수 기본 익히기

1, 도안(밑그림)

자수로 표현하고자 하는 이미지나 자기표현을 도안(밑그림)으로 선택한다.

1. 단순한 문양을 선택해 본다.
2. 간단한 문양조합이나 소재를 선택하여 그려본다. 단, 자수기법으로 표현할 수 있는 소재라야 한다.
3. 자수기법의 선행을 전제로 도안을 다양하게 선택하고 드로잉해서 자수로 표현해 본다.

2, 자수기법

도안(밑그림)을 잘 이해하고 개별 문양의 특징에 따라서 알맞은 자수기법을 정하고 수를 놓는다.

1. 문양의 면에 놓을 자수기법을 먼저 선택한다.
2. 다음은 묘사하는 기법을 선택하여 수를 놓는다.
3. 문양의 면과 묘사가 끝났으면 문양의 가장자리를 징금수나 이음수 등으로 수를 놓아 완성한다.

3, 색

자수에서 색은 명도와 채도에 따라 작품의 격을 달리하는 척도가 되기도 한다.

1. 색은 도안에 따라서 바탕천의 색을 먼저 정하고 자수 실을 선택한다.
2. 자수 실은 도안에 맞게 전체적인 통일감과 조화를 이룰 수 있는 색으로 선택한다.
3. 이미지와 문양에 알맞은 실색을 정하고, 각 이미지의 특징에 맞게 단색이나 단계별 색상의 실을 이용하여 문양에 입체감을 넣는다.

4. 결(방향)

자수는 실과 바늘만을 이용해서 하는 매우 섬세하고도 기술적인 작업이므로 결(방향)은 자수기법을 충분히 체득한 후에 하는 것이 좋다. 결은 매우 다양하여 간단히 설명하기 어려운 부분이다. 자수의 결이 올바르지 않으면 표현하고자 하는 예술미를 제대로 전달할 수 없다.

1. 우선 도안을 면밀히 살펴보고 전체적으로 이해하는 것이 중요하다.
2. 개별 문양의 특징을 하나하나 잘 파악해야 한다. 이것은 그림을 그릴 때 붓의 자국, 붓의 방향 이라고 생각하면 된다.
3. 문양의 특징을 표현할 수 있도록 결을 잘 살려 수를 놓는다.

5. 땀수와 띔수의 차이

자수를 놓는 순서는 작업시간과 일의 세밀성, 테크닉에도 영향을 준다. 따라서 시작하기 전에 작업의 순서를 정하는 것은 아주 중요한 부분이다. 다음 (1)과 (2) 두 방법의 결정에 따라서 수놓는 순서가 달라진다.

1. 땀수를 내는 작업 이미지의 가장 자리에 선(테두리)을 치지 않고 수의 땀을 낸다.
2. 띔수를 내는 작업 이미지의 가장 자리에 선(테두리)을 나타내는 작업이다.

땀수
꽃잎과 꽃잎 사이에
공간을 두며, 꽃잎 가장자리를
이음수로 놓는다.

띔수
수가 놓여진 꽃잎 뒤로
수땀을 내기 때문에 꽃잎과 꽃잎 사이에
공간을 두지 않는다.

이음수

3. 기초 자수기법

1. 점수

점수는 작은 점을 표현할 때 쓰는 기법으로 점의 크기를 달리하여 표현하기도 한다. (자수를 시작 할 때와 끝낼 때 똑같이 이 기법이 사용되며, 시작할 때 두 번, 끝낼 때 2번 놓아 마무리 하는데 응용되기도 한다.)

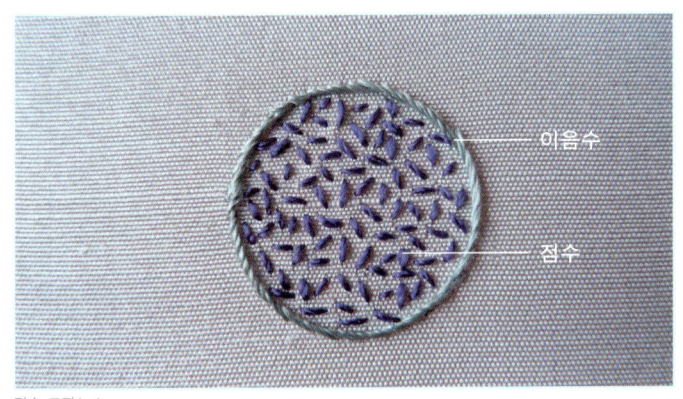

점수_도판1-1

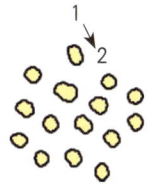

길이는 0.2cm를 넘지 않는다.

수 놓는 방법

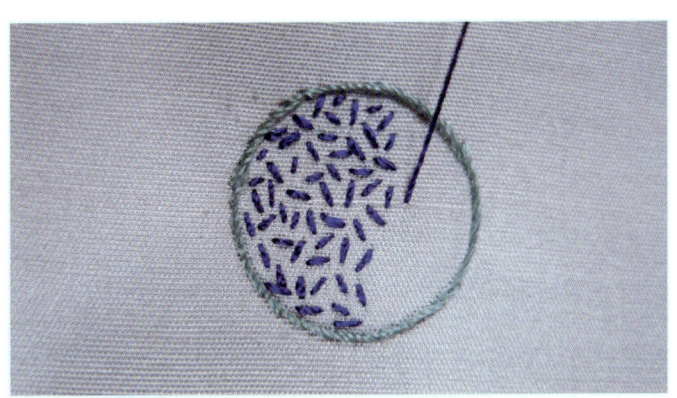

점수_도판1-2

점수를 놓고자 하는 모양의 선을 이음수로 먼저 한 다음 안쪽을 점수로 채운다.

2/ 선수

선수는 한 번에 놓는 기법으로 각종 문양에 이용된다. 종류는 매우 다양하며 묘사적인 특성이 강하다.

선수_도판2-1

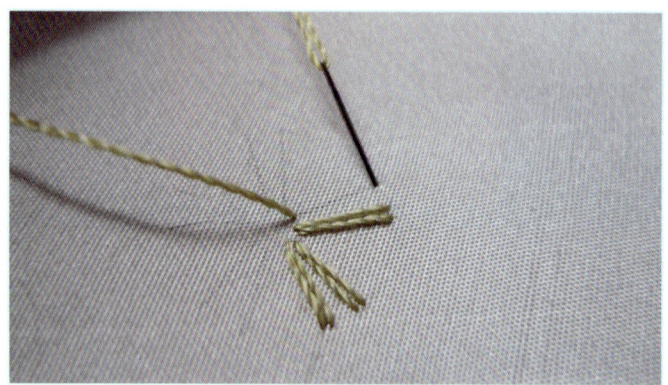

선수_도판2-2

꽃잎의 길이를 한 땀으로 하여 한번에 놓는다.

Tip_ 선수와 이음수의 차이점

선수 선수는 이음수와 달리 겹치는 부분이 없이 한 번에 놓는 기법이다. 각도나 길이로써 단위문양을 형성하는 방법으로 다양하게 응용된다.

이음수 선을 이어 가면서 직선 또는 곡선을 표현하고, 묘사나 작업의 완성도를 높이는데 많이 쓰는 기법이다.

3/ 이음수

이음수는 직선과 곡선을 표현할 때 쓰는 기법으로 선의 굵기에 따라 수 놓는 각도가 달라지는 특징이 있다. 종류는 직선이음수, 곡선이음수가 있으며 묘사나 작업의 완성도를 높일 때 많이 쓰인다.

직선 이음수

직선이음수는 직선을 표현하는데 이용한다.

이음수_ 도판3-1

이음수 놓는 순서/

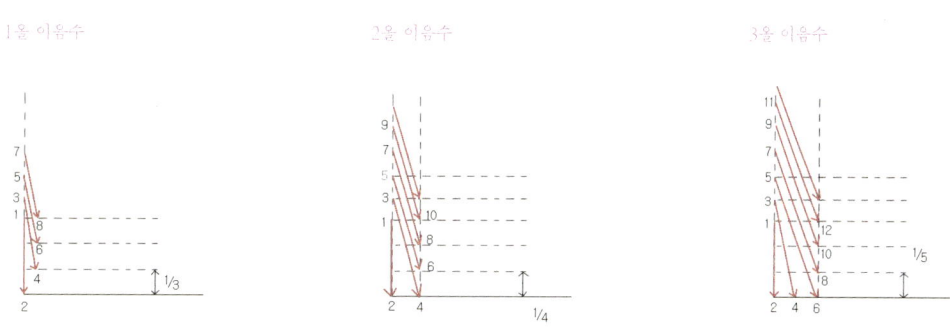

수 놓는 방법

1. 1올 이음수

한 올을 먼저 세우고 먼저 놓인 실 길이의 3분의 2 지점에 바늘을 되꽂아 같은 간격으로 겹치듯이 이어가는 기법이다.

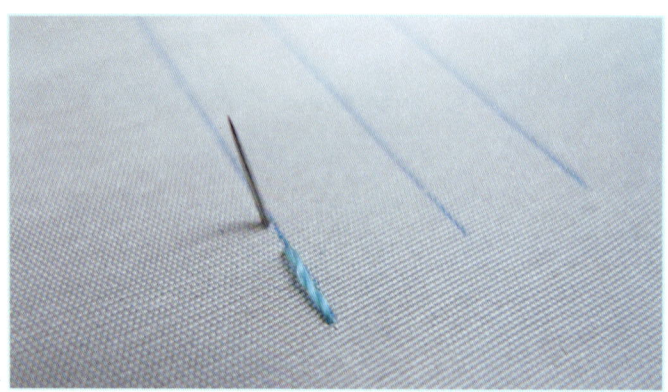

이음수_도판3-2

01

한 올을 먼저 세운다.

이음수_도판3-3

02

먼저 놓은 실 길이의 3분의 2 지점에 바늘을 되꽂는다.

이음수_도판3-4

겹치듯이 이어가면서 선을 완성한다.

2. 2올 이음수

두 올을 세우고 난 다음 먼저 놓인 실 길이의 4분의 3 지점에 바늘을 되꽂아 같은 간격으로 겹치듯이 어어 주는 방법이다.

이음수_도판3-5

두 올을 먼저 세운다.

이음수_도판3-6

먼저 놓은 실 길이의 4분의 3 지점에 바늘을 되꽂는다.

3. 3올 이음수

세 올을 세우고 난 다음 먼저 놓인 실 길이의 5분의 4 지점에 바늘을 되꽂아 같은 간격으로 겹치듯이 반복해서 이어 간다.

이음수_도판3-7

시작 부분의 3올이 일직선이 되게하면서 3올을 먼저 세운다.

이음수_도판3-8

놓은 실의 5분의 4 지점에 바늘을 되꽂아 이어주기를 반복한다.

곡선 이음수

곡선이음수는 굵기와 모양에 따라 다양한 곡선을 나타낼 때 많이 쓰는 기법이다. 직선이음수보다 짧은 간격으로 수를 놓고 원의 곡선이 많이 휠수록 바늘 땀의 길이는 더 짧아진다.

제2장 전통자수 기초 다지기   **기초 자수기법**

이음수_도판3-9

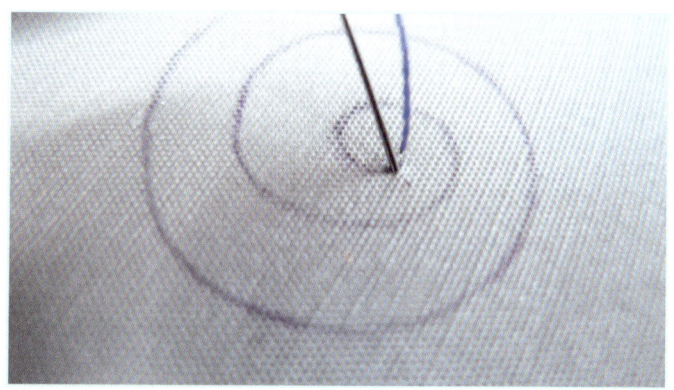
이음수_도판3-10

원의 중심부터 실 간격을 짧게하여 놓기 시작한다.

이음수_도판3-11

선을 따라 겹치듯이 이어가면서 곡선을 완성한다.

4/ 평수

평수는 이음수 보다 면이 더 넓으며 실이 겹치지 않게 수를 놓는 것이 특징이다. 종류는 직선평수, 사선평수, 나선형평수 등이 있으며 각기 다른 바느질 기법을 갖고 있다.

직선평수

실이 겹치지 않게 문양과 평행을 이루면서 도판과 같이 차근차근 수를 놓는다.

직선 평수_도판4-1

수 놓는 방법

직선 평수_도판4-2

직선 평수_도판4-3

직선 평수_도판4-4

사선평수

사선평수는 이음수보다 면이 더 넓은 곳에 쓰이며 평수 중 가장 많이 쓰이는 기법이다. 짧은 면을 채우는데 다양하게 응용된다. 되도록 60°도 각도를 유지하면서 사선방향으로 실이 겹치지 않게 평행으로 면을 채워가며 수를 놓는다.

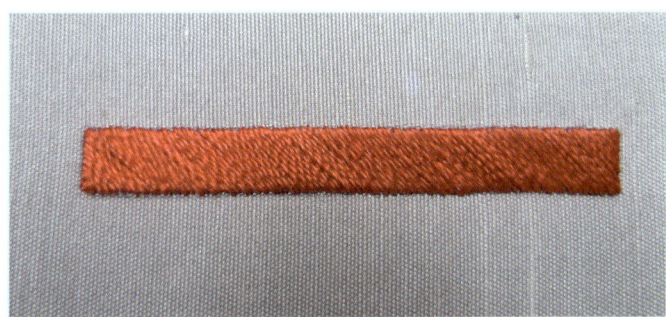

사선 평수_도판4-5

수 놓는 방법

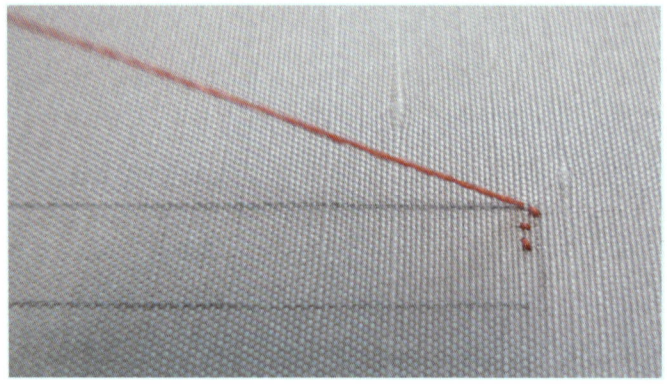
사선 평수_도판4-6

01

점수를 먼저 두 번 놓고 문양의 모서리 부분부터 시작한다.

사선 평수_도판4-7

02

문양에 따라 겹치지 않도록 평행을 이루면서 사선의 기울기는 60° 각도를 유지한다.

사선 평수_도판4-8

나선형 평수

나선형평수는 나선형 모양으로 돌려가면서 놓는 기법인데 응용도가 높은 평수이다.

나선형 평수_도판4-9

수 놓는 방법

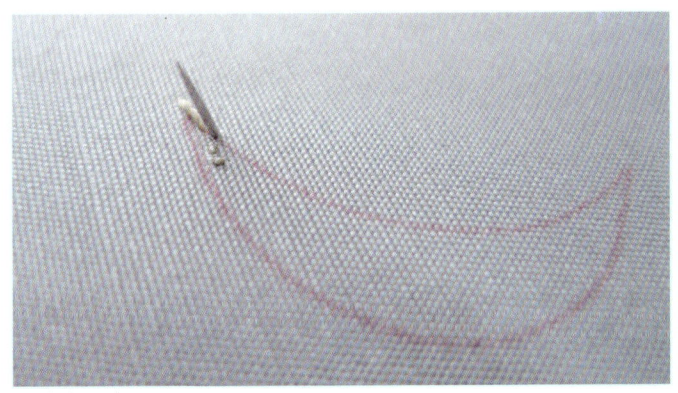

나선형 평수_도판4-10

01

점수를 두번 놓고 나선형 가장 끝점부터 시작한다.

나선형 평수_도판4-11

02

반복해서 실이 겹치지 않게 하고 결(방향)을 잘 살려 수를 놓는다.

나선형 평수_도판4-12

나선형 평수의 역방향

도판4-11의 나선형평수와 반대되는 역방향으로 수를 놓으면 작업의 효율이 떨어진다.

나선형 평수(역방향)_도판4-13

평수의 종류 및 수 놓는 순서

직선 평수

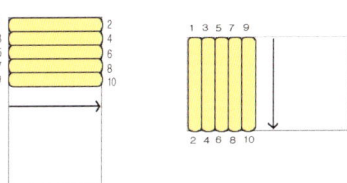

뒤쪽도 앞쪽과 같은 형태가 되도록 깁수로 놓는다.

사선 평수

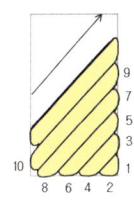 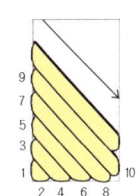

되도록 60° 각도를 유지한다.

나선형 평수

A형 (돌아오는 형, 위에서 시작하는 경우)

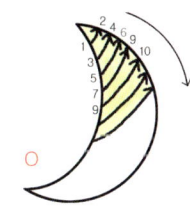 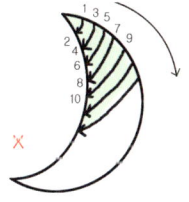

B형 (들어가는 형, 아래에서 시작하는 경우)

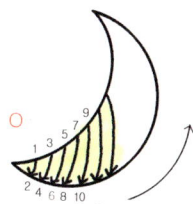 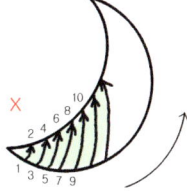

5/ 가름수

가름수는 나뭇잎에 주로 쓰이는 기법으로 잎맥을 중심으로 좌우를 나누어 수를 놓는다. 수를 놓는 방법은 사선평수로 60° 각도를 유지하면서 가지런히 놓아간다. 가장 많은 나뭇잎의 두 가지 유형을 표현해 보자.

가름수_도판5-1 A유형

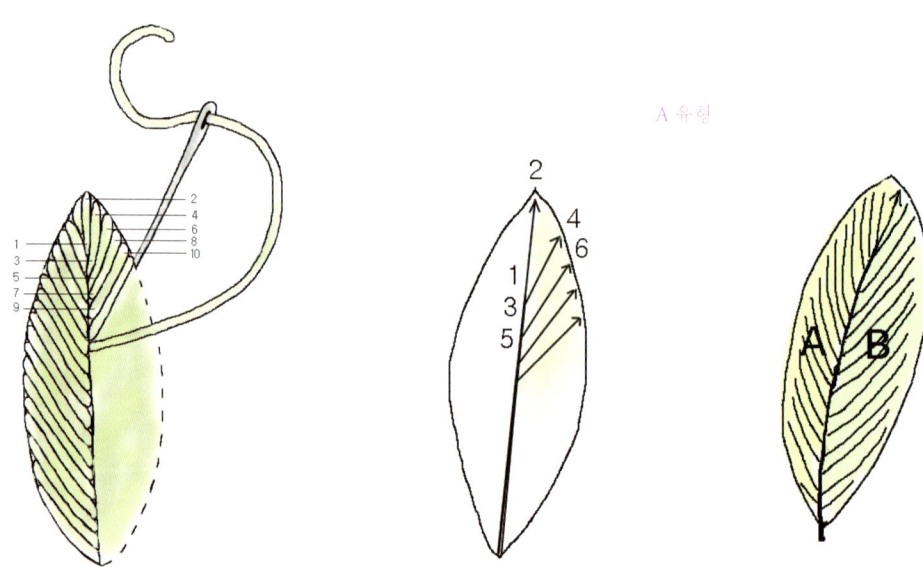

A 유형

A형에서 B형으로 옮겨 수를 놓는다.

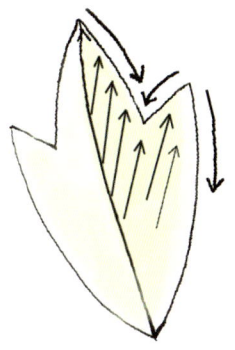

가름수_도판5-2   B유형

수 놓는 방법

1. A유형

A유형은 긴 둥근 모양을 가진 나뭇잎 유형이다. 나뭇잎의 수를 놓는 방향이나 바늘 꽂는 순서는 도판과 그림을 참고한다.

바탕천의 나뭇잎 도안을 살피고 이해한다.

가름수 A유형_도판5-3

가름수 A유형_도판5-4

 **02**

안쪽에서 바깥쪽으로 바늘을 꽂아 수를 시작한다.

가름수 A유형_도판5-5

 **03**

사선평수의 각도는 60°를 유지한다.

가름수 A유형_도판5-6

 **04**

잎의 중심에 잎맥 공간을 남기고 좌측 잎을 완성한다.

| 제2장 전통자수 기초 다지기 | **기초 자수기법** |

가름수 A유형_도판5-7

우측으로 옮겨 오른쪽 잎도 왼쪽과 같은 방법으로 수를 놓는다.

잎맥 표현하기

가름수 A유형_도판5-8

가름수의 나뭇잎 위에 이음수로 잎맥의 좌우를 먼저 표현한 다음, 가운데 잎맥은 도판과 같이 위에서 아래로 수를 놓아 완성한다.

가름수 A유형_도판5-9

A유형 잎맥 완성

2. B유형

A유형과 같은 원만한 둥근 나뭇잎 모양이 아닌 나뭇잎의 양쪽 중심이 올라가 있는 유형이다.

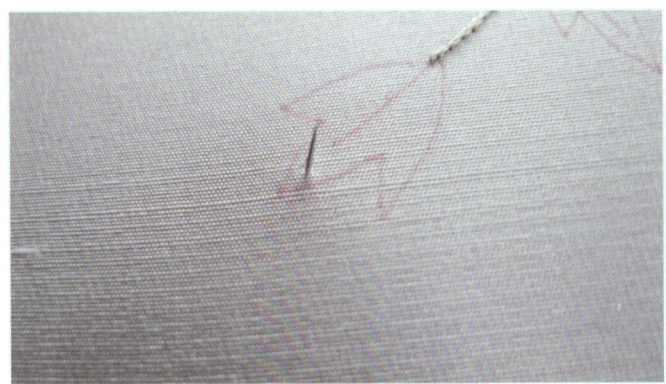

가름수 B유형_도판5-10

01

도안을 보고 나뭇잎의 형태를 이해한다.

가름수 B유형_도판5-11

02

사선평수로 A유형과 같이 잎의 중심 끝에서 시작하여 수를 놓아간다.

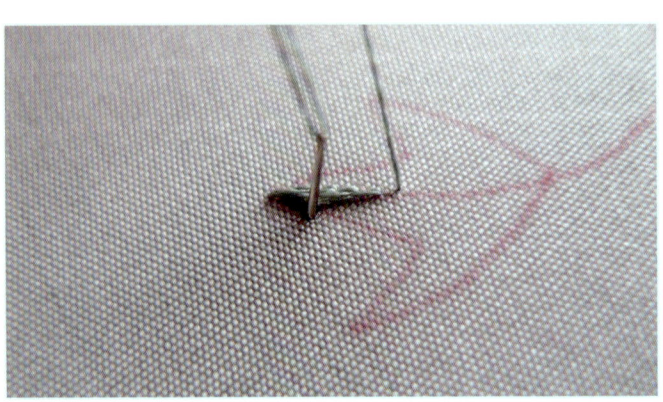

가름수 B유형_도판5-12

03

60° 각도를 유지하면서 차근히 놓는다.

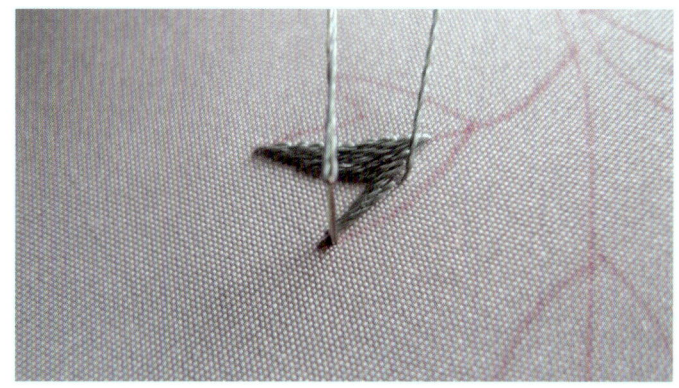

가름수 B유형_도판5-13

도판과 같이 중심에서 결을 잡아주면 수놓을 때 전체적인 결(방향)을 잡기가 매우 용이하다.

가름수 B유형_도판5-14

나뭇잎 왼쪽 면을 먼저 채우고 오른쪽도 같은 방법으로 도안에 따라 수를 채운다.

가름수 B유형_도판5-15

잎맥은 이음수로 A유형과 같은 방법으로 좌우측 잎맥을 먼저 수놓고, 마지막에 가운데 부분을 위에서 아래로 수놓아 완성한다.

6 / 매듭수 (씨앗수)

매듭수기법은 꽃씨나 짐승, 새의 눈 등 작은 점을 입체감 있게 표현할 때 주로 쓰는 기법이다. 실을 감는 횟수나 굵기에 따라 표현을 다르게 할 수 있으며, 이 기법 하나만으로도 모든 문양을 완전하게 표현할 수 있다는 점이 특징이다.

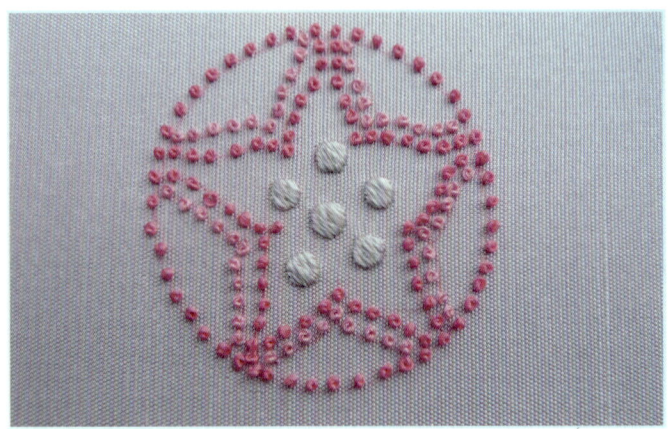

매듭수_도판6-1

수 놓는 방법

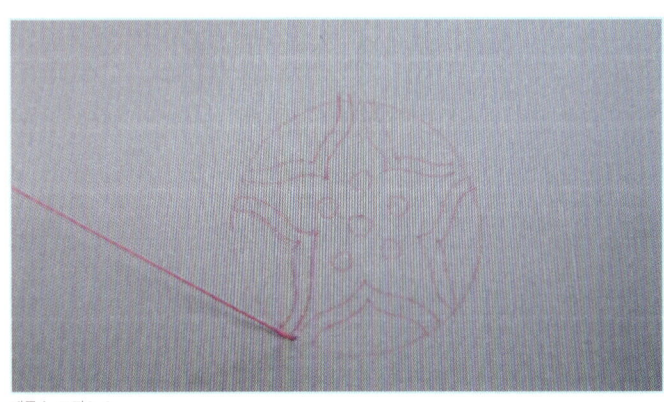

매듭수_도판6-2

연꽃 문양 도안을 잘 살펴보고 선을 따라 매듭수로 표현한다.

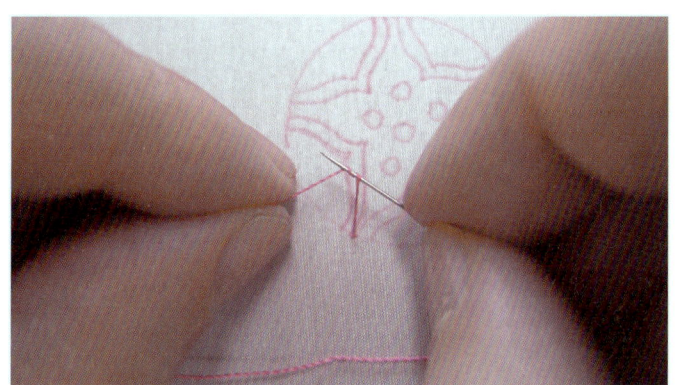

매듭수_도판6-3

양손으로 오른손은 바늘을 왼손으로는 실을 잡는다. 실을 바깥쪽으로 도판과 같이 바늘에 두 번 휘감는다

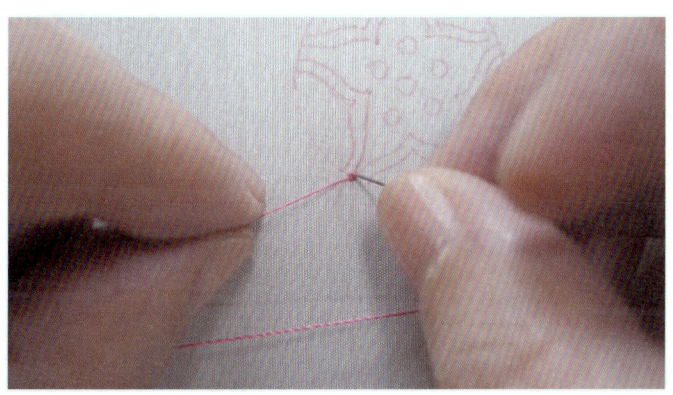

매듭수_도판6-4

오른쪽 실이 감겨있는 바늘을 도안의 수놓을 자리에 꽂는다. 이 때 왼손으로는 실을 당겨 탄력을 유지해야 한다.

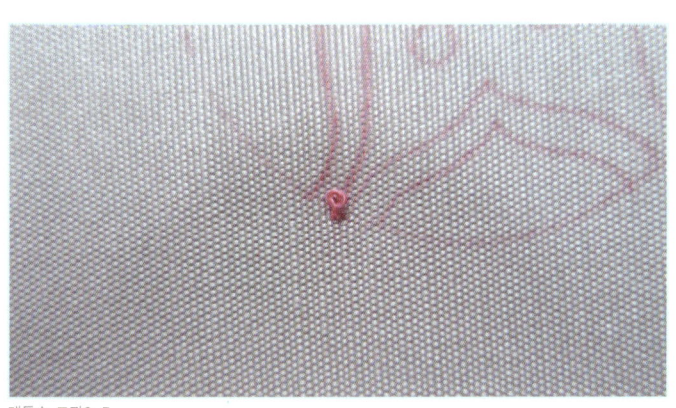

매듭수_도판6-5

매듭수의 모습은 도판과 같이 원형을 유지하면서 중심에 구멍이 나 있어야 제대로 된 것이다.

문양의 선을 따라 매듭수로 완성한 모습.

매듭수_도판6-6

7/ 관수

관수는 작은 선을 일정한 간격과 공간을 두면서 자유롭고 적절이 이용하여 부드러운 질감을 나타내는데 주로 쓰는 기법이다. 문양의 안쪽 전체에 다 놓을 수도 있고 가장자리에만 무게 중심을 두며 놓을 수도 있다. 구름, 파도, 먼 산, 땅, 바위 등 부드러움이나 경계를 두지 않고 표현하는 문양에 많이 쓰이는 특징이 있다.

관수_도판7-1

수 놓는 방법

관수_도판7-2

01

구름을 부드럽고 가벼운 느낌이 들도록 표현하기 위해 먼저 이음수로 구름 형태를 수놓는다.

관수_도판7-3

02

벽돌쌓기처럼 일정한 길이와 간격 두고 수평을 잘 유지하며 수를 놓아 간다.

관수_도판7-4

03

평행을 유지하면서 수를 놓아 간다.

8 / 자련수

자련수는 섬세하면서도 우아함을 갖고 있어 꽃, 바위, 새 등, 배, 머리, 짐승, 나무, 인체, 얼굴, 사물 등을 표현할 때 많이 쓰는 기법이다. 넓은 면을 메울 때 이용하는 대표적인 기법으로 실을 불규칙적으로 길고 짧게 반복하여 수를 놓는다. 넓은 면을 물론 곡면과 직면도 다양하게 표현할 수 있는 기법이다.

자련수_도판8-1

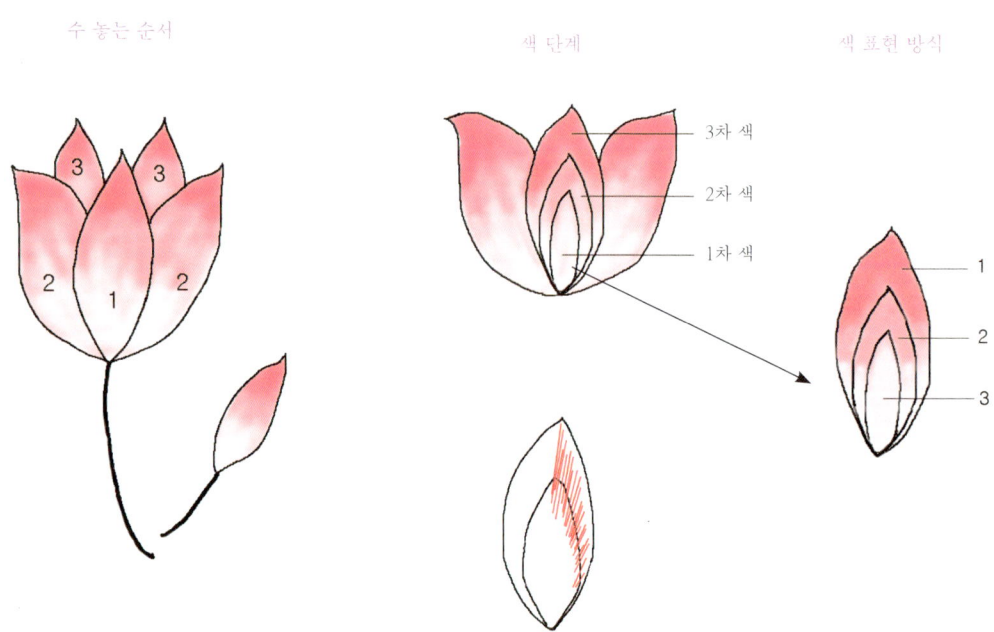

수 놓는 방법

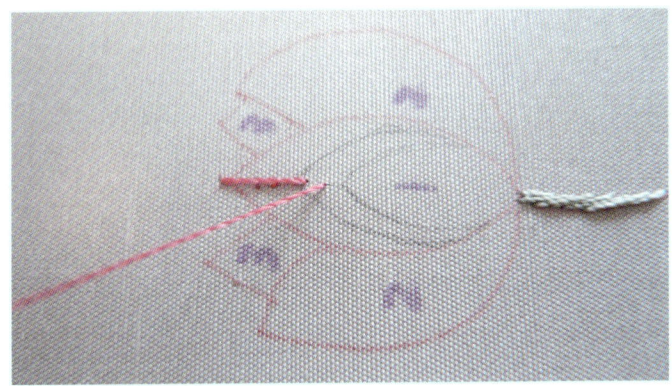
자련수_도판8-2

연꽃잎의 도안을 먼저 이해한다. 도판의 숫자는 꽃잎을 수놓는 순서이다. 3차색은 진분홍색으로 시작하여 한 땀의 길이를 길게 짧게 불규칙적으로 반복하며 수를 놓는다.

자련수_도판8-3

문양을 따라 반복하여 겹수를 놓아 간다.

자련수_도판8-4

2차색은 분홍색으로 같은 방법으로 불규칙하게 면을 채워간다.

자련수_도판8-5

1차색은 연분홍색으로 길게 짧게를 반복하여 면을 채워 꽃잎을 완성한다.

자련수_도판8-6

실이 겹치지 않게 홀수로 놓는 것이 좋다.

자련수_도판8-7

꽃잎 하나를 완성한 다음 다른 꽃잎으로 옮겨 수를 놓는다.

자련수_도판8-8

 꽃잎과 꽃잎 사이의 공간은 되도록 밀착시키는 것이 좋다.

자련수_도판8-9

 꽃잎이 완성되도록 섬세하게 수를 놓는다.

자련수_도판8-10

 자련수로 연꽃잎을 모두 완성한 후, 꽃잎과 꽃잎 사이의 공간을 이음수로 가늘게 놓으면 연꽃잎이 한결 더 아름답게 돋보인다.

자련수_도판8-11

 꽃잎을 완성한다.

9/ 솔잎수

솔잎수는 화조 수, 송학 병풍 등 십장생 중 소나무의 솔잎을 표현하는 기법이다. 가장 많이 쓰이는 종류로 부채솔잎수, 원형솔잎수가 있다.

부채 솔잎수

실을 굵게 하여 부채모양으로 삼각형의 형태를 유지하면서 수 놓는 것이 특징이다.

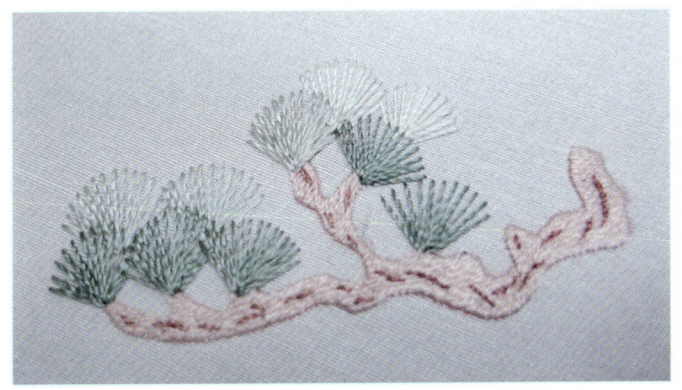
솔잎수 부채꼴_도판9-1

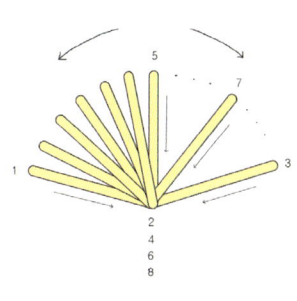
중심 점에서 어느 쪽으로 가든 무방하다.

수 놓는 방법

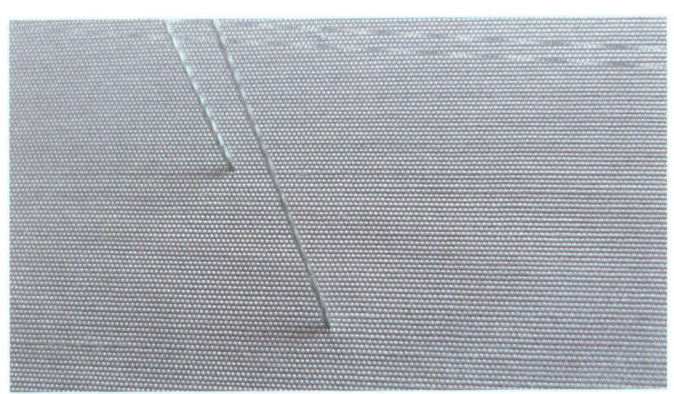
솔잎수 부채꼴_도판9-2

부채꼴 모양을 만들기 위해 먼저 외곽의 삼각 형태부터 잡는다.

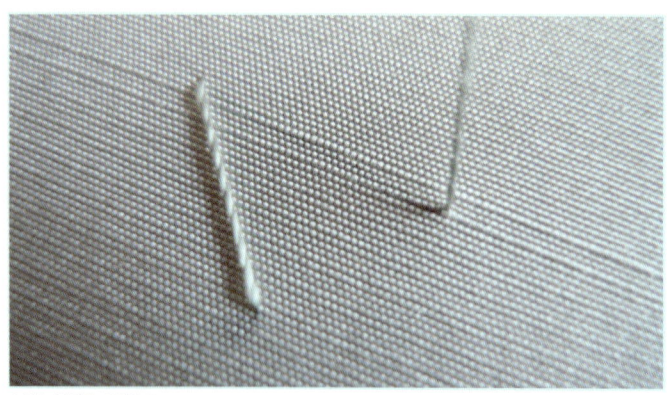
솔잎수 부채꼴_도판9-3

그림의 순서대로 수를 놓는다.

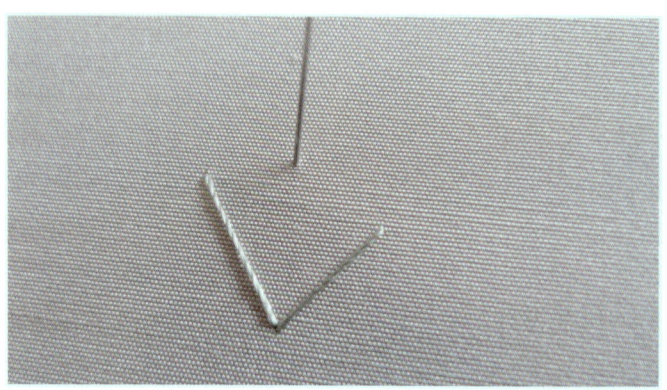
솔잎수 부채꼴_도판9-4

부채꼴의 외곽을 만들고 난 다음 중심으로 옮겨와 좌우로 수를 놓아간다.

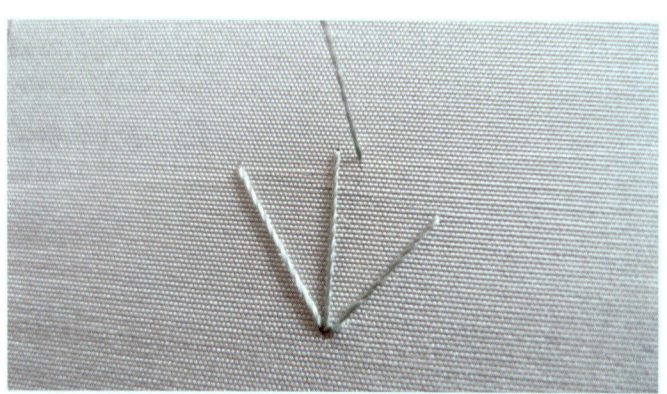
솔잎수 부채꼴_도판9-5

간격을 잘 맞추어 표현한다.

솔잎수 부채꼴_도판9-6

05

우측에 수를 놓는다.

솔잎수 부채꼴_도판9-7

06

좌측으로 옮겨와 수를 놓는다.

솔잎수 부채꼴_도판9-8

07

완성한 모습

솔잎수 부채꼴_도판9-9

 솔잎 하나를 완성하고, 다른 잎들도 같은 기법으로 수로 놓아 솔잎 전체를 완성한다.

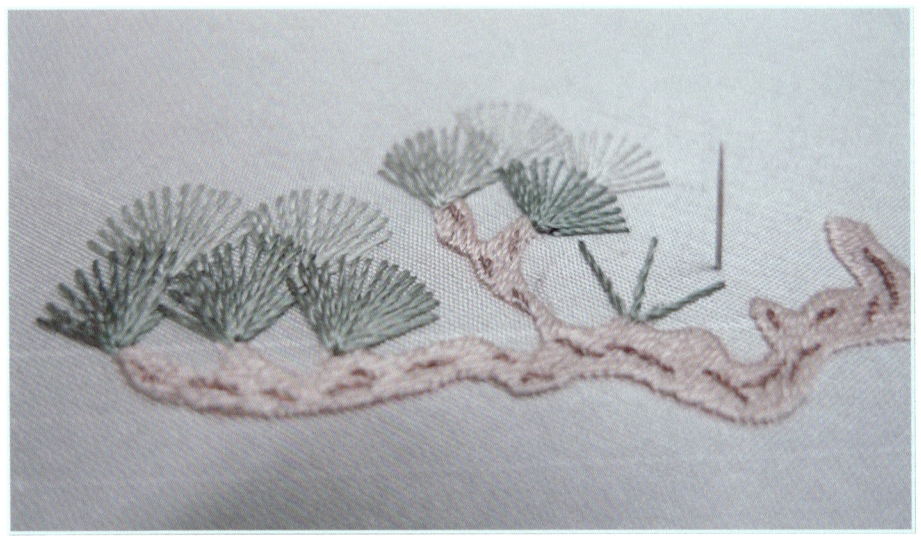

솔잎수 부채꼴_도판9-10

Tip_ 솔잎수 놓는 요령
부채꼴 모양의 솔잎을 소나무에 잘 표현해 내려면 특히 단계별 색상에 유의해야 한다. 연녹색으로 가지의 끝에 달려 있는 잎부터 시작하여 점차 진녹색으로 실을 바꿔가면서 굵은 가지 쪽으로 차근차근 수를 놓으면 솔잎의 자연스러움을 더할 수 있다.

원형 솔잎수

원형솔잎수는 실을 굵게 하여 원형모양으로 표현하고 실과 실의 간격을 일정하게 유지하는 것이 관건이다.

솔잎수 원형_도판9-11

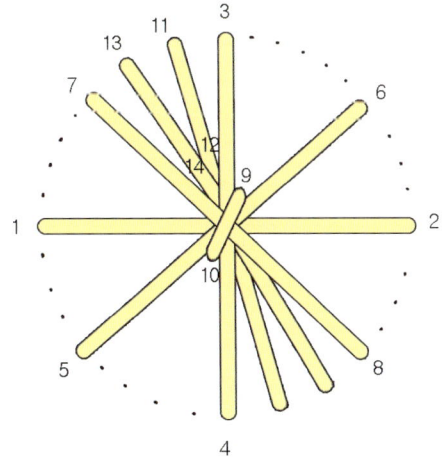

수 놓는 방법

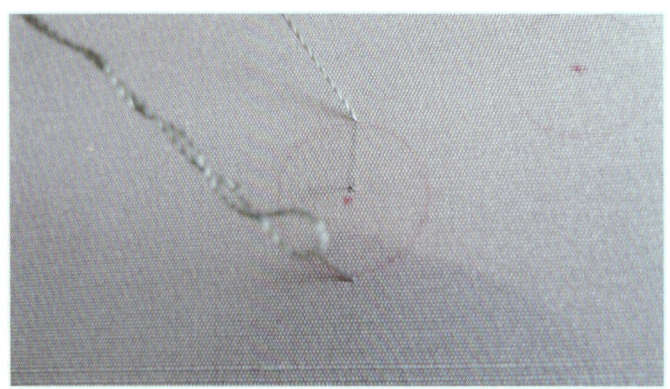

솔잎수 원형_도판9-12

원형 테두리를 유지하기 위해 먼저 십자형으로 실을 직선교차해 놓는다.

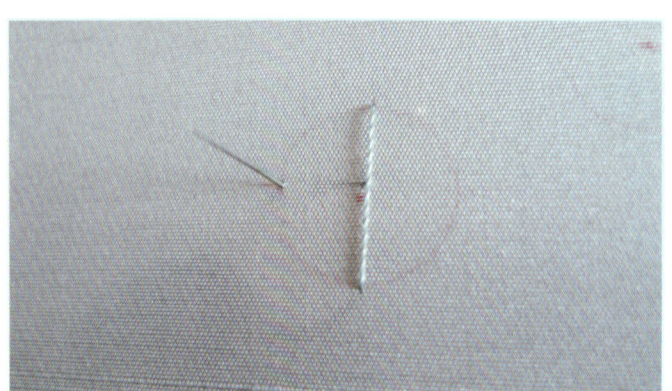

솔잎수 원형_도판9-13

중심을 잘 잡고 교차한다.

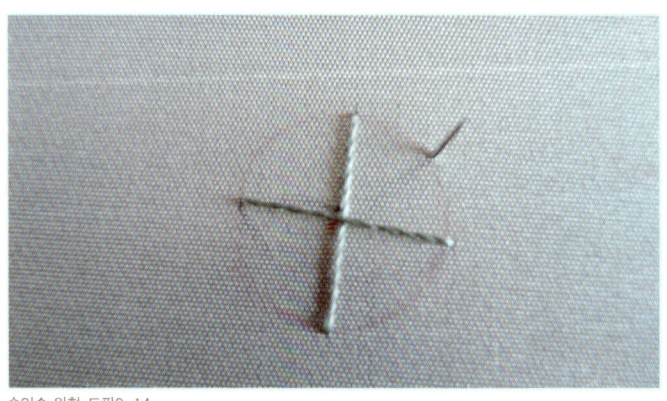

솔잎수 원형_도판9-14

원형 크기에 맞게 십자를 한 번 더 교차하고 중심을 징금수로 고정한 한다. 나머지 빈 공간도 일정한 간격으로 실을 교차하여 수를 놓는다.

솔잎수 원형_도판9-15

 원형과 원형이 서로 교차해도 무방하며 오히려 솔잎이 풍성해 보이는 장점이 있다. 잎 하나를 완성하고 다른 잎도 같은 기법으로 반복한다.

솔잎수 원형_도판9-16

 단계별 색상에 유의하면서 가지 끝부분의 잎은 연한 색으로, 점차 아래로 내려오면서 진한 색상으로 실을 바꿔가며 수를 완성한다.

10 / 자릿수

자릿수는 돗자리의 모습과 같고 넓은 면을 채우는데 주로 쓰인다. 수놓는 방식은 평수와 같이 실이 서로 겹치지 않게 하며 일정한 꼬임, 굵기, 치수를 필요로 하는 수이다. 일정한 간격으로 수직과 수평 결을 유지하면서 한 줄을 놓고 그 위에 실을 맞물려 수를 놓는다. 자릿수는 바늘구멍이 서로 반듯한 수평선을 이루도록 놓는 것이 생명이다. 불교자수, 담벼락 등 넓은 면을 채울 때 이용하는 기법이다.

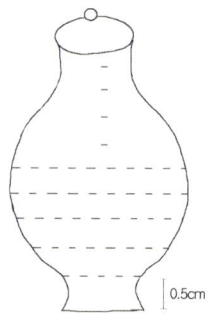
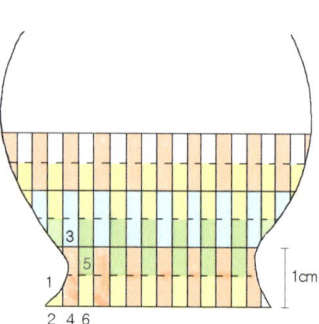

자릿수 _도판10-1

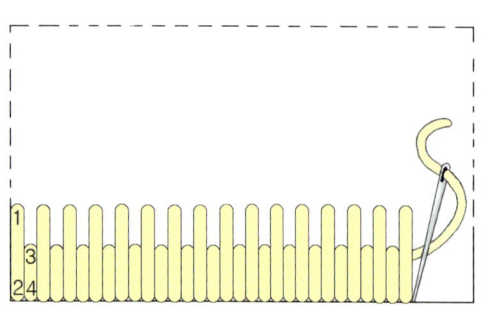
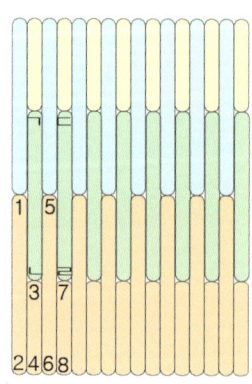

수 놓는 방법

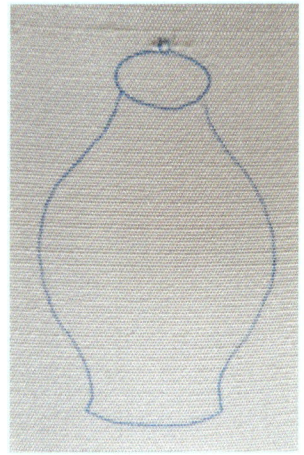
자릿수_도판10-2

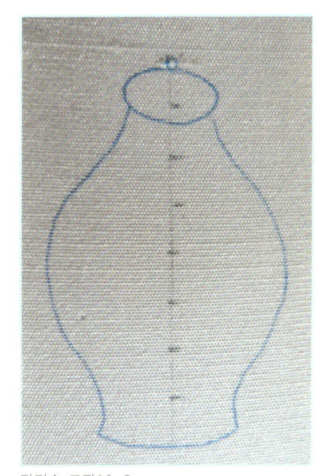
자릿수_도판10-3

항아리 도안을 이해하고 실의 색상과 사용할 기법 등을 생각해 둔다.

도안 밑에서부터 도판과 같이 샤프펜으로 0.5cm 간격으로 가로선을 표시한다.

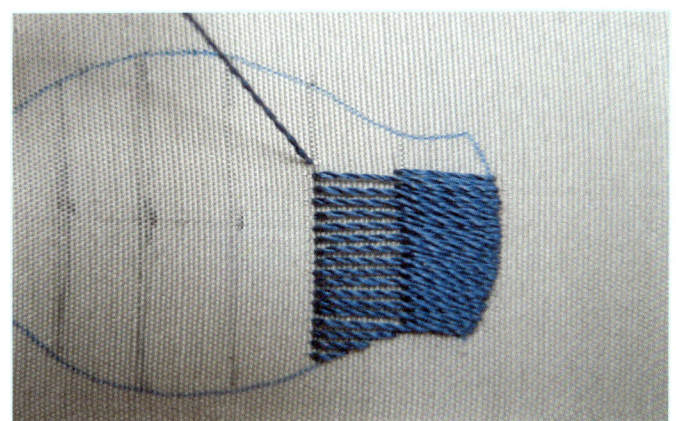
자릿수_도판10-4

가장 아래부분부터 시작하는데 처음에는 실의 길이를 1cm와 0.5cm를 반복해가며 놓는다.

자릿수_도판10-5

도판과 같이 수직과 수평 결을 반듯하게 유지하면서 1cm씩 일정하게 한 줄을 놓고 그 위에 실을 맞물려 놓는다. 실이 맞물려 들어갈 수 있는 간격을 유지하고 바늘구멍은 정확하게 일직선 상에서 수평을 이루도록 해야 자릿수의 생명인 돗자리 느낌을 살릴 수 있다.

11/ 징금수

징금수는 면을 메우거나 이음수를 대신하여 가장 자리의 선을 나타낼 때 쓰는 기법이다. 금사나 은사, 실의 재료만으로도 전체적인 도안과 문양을 표현할 수 있는 완전한 기법이다. 종류는 금사 징금수와 실 징금수가 있는데 작업 시 약간의 차이가 있다.

금사 징금수

수놓을 자리에 놓을 금사와 금사를 징거줄 세사(가는 실)를 준비한다.

징금수 금사징금수_도판11-1

금사 징금수

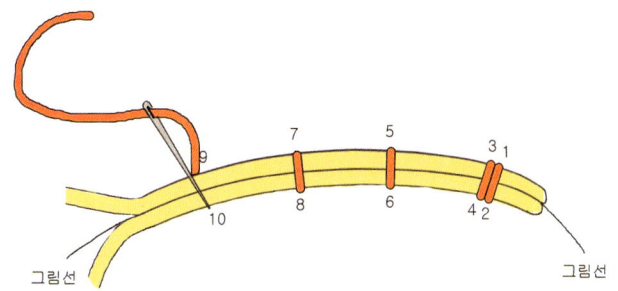

그림선   그림선

수 놓는 방법

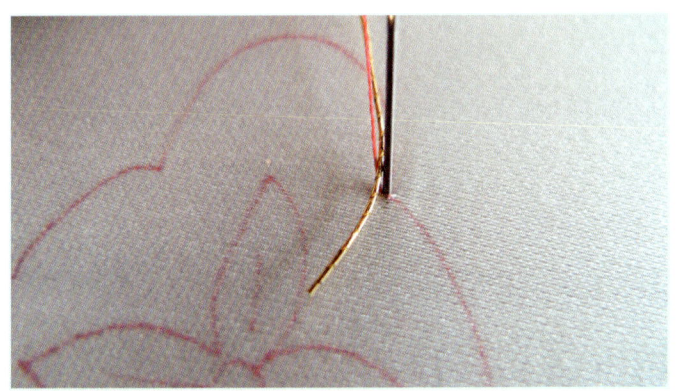

징금수 금사징금수_도판11-2

 **01**

도안 위에 점수를 두 번 놓고 금사 끝부분을 1cm정도 남기고 붉은 세사로 도판과 같이 수직으로 징거준다.

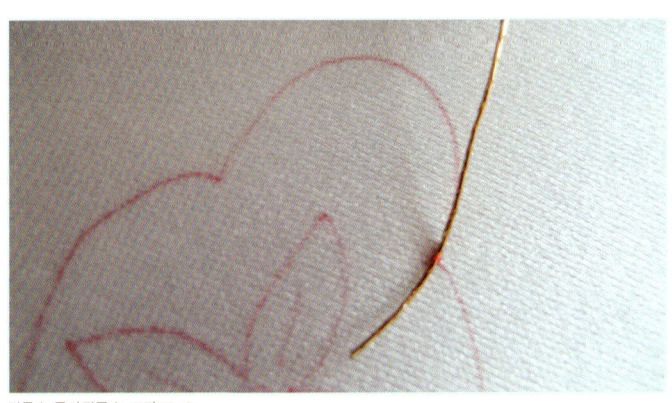

징금수 금사징금수_도판11-3

 02

다시 점수를 2번 놓고 1번을 한 번 더 반복한다. 금사가 빠지지 않도록 하기 위한 안전장치이다.

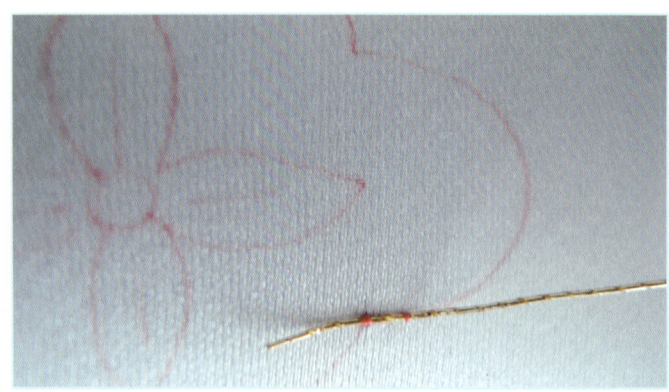
징금수 금사징금수_도판11-4

금사를 약간 당기듯이 놓고 일정한 간격으로 징금수로 징거나간다.

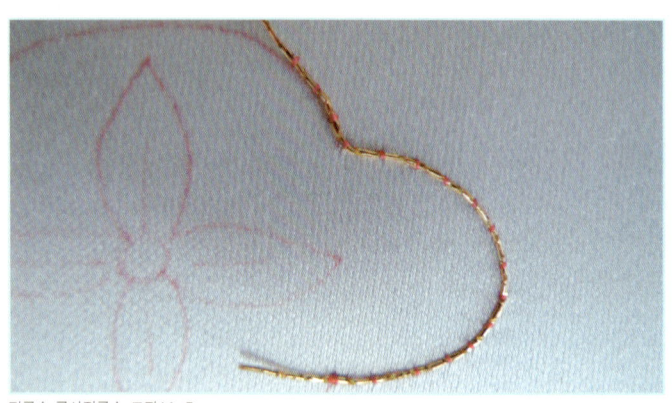
징금수 금사징금수_도판11-5

도안의 모서리나 꺾기는 부분의 선은 점수를 한번 놓고 다음 작업으로 옮겨간다. 하나의 선을 완성했으면 나머지도 02, 03과 같은 방법으로 반복해서 문양을 완성한다.

징금수 금사징금수_도판11-6

문양을 모두 마치고 처음과 마지막에 남긴 1cm를 각기 하나씩 그림설명과 같이 내려서 끝처리를 해준다.

징금수 끝처리

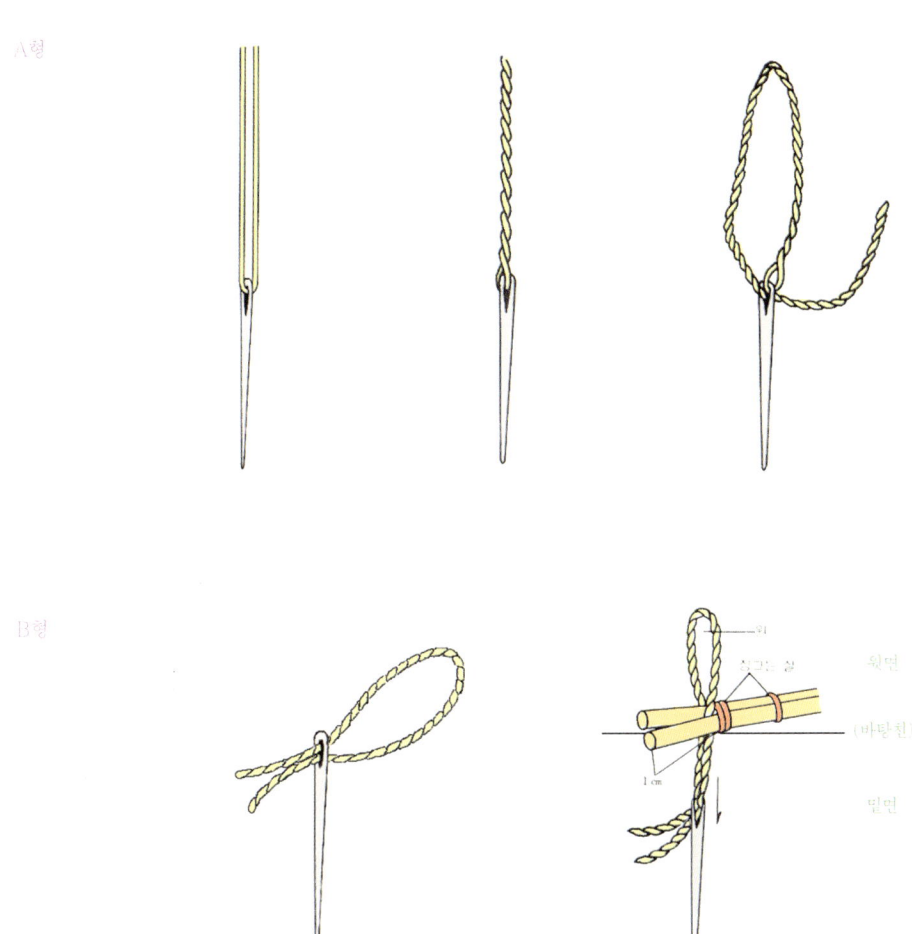

A형

B형

실 징금수

실 징금수는 금사 대신 실을 이용하고 수놓는 방식에서 금사 징금수와 약간의 차이점을 보인다. 도안 위에 놓는 실은 굵은 꼰사를 사용하고 징거주는 세사(가는 실)는 같은 종류의 가는 실(세사)을 사용하는데 실의 색상 선택이 중요하다. 두 개의 실을 동시에 징거 줄 때는 꼬임의 방향이 서로 다른 좌연사, 우연사를 합해서 징거주는데, 마치 머리를 땋아 내려간 것 같은 모양을 이룬다. 2줄 실 징금수도 금사 징금수와 같이 흉배, 배갯모, 수저집 등 가장 자리를 장식할 때 많이 쓰며 금사의 화려함과는 다른 느낌의 은근함과 소박미가 있다.

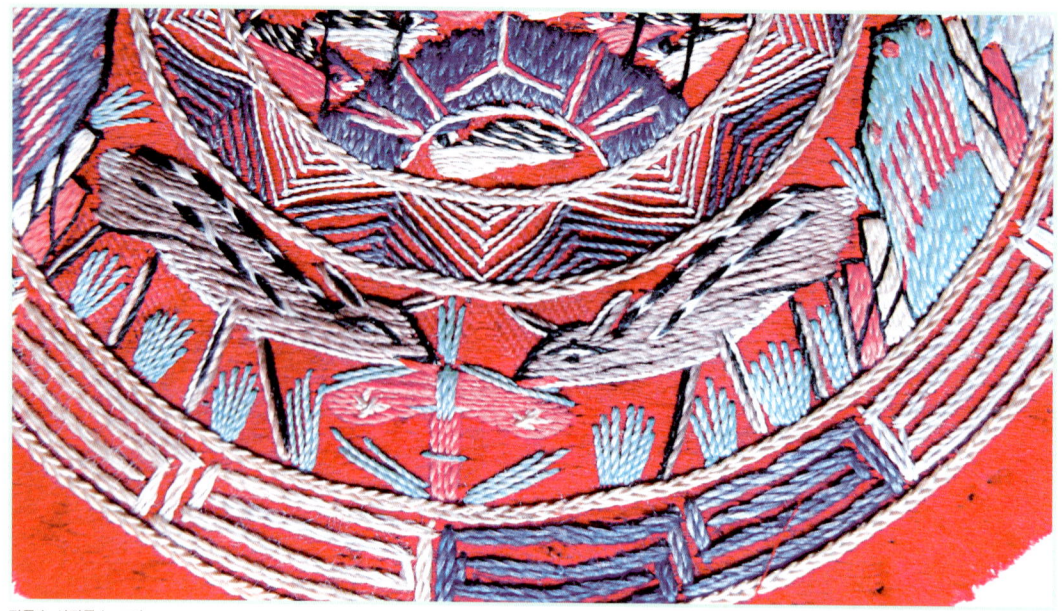

징금수 실징금수_도판11-7

수 놓는 방법

징금수 실징금수_도판11-8

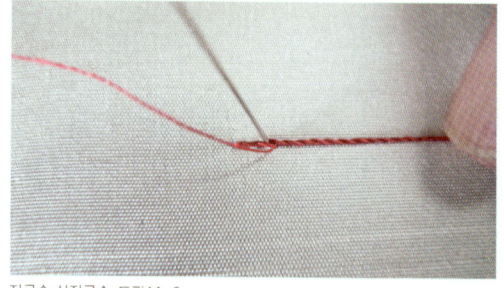

징금수 실징금수_도판11-9

징거주는 세사의 색상은 꼰사와 같은 색이 제일 무난하다. 위 그림과 같은 순서로 수를 놓는다.

징금수 종류 및 수놓는 순서

실 징금수

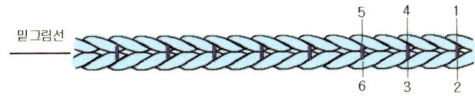

직각 징금수

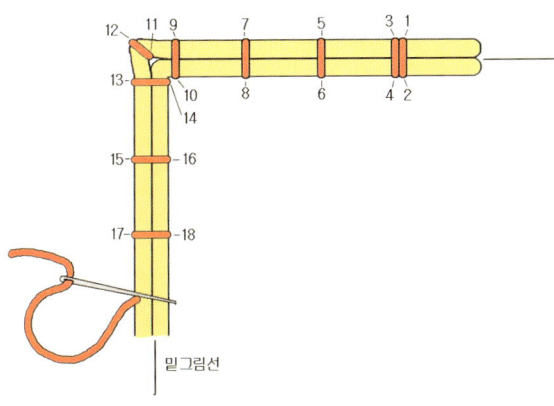

예각 징금수

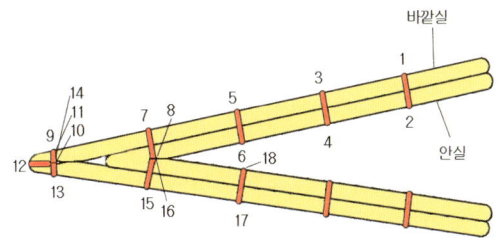

12/ 새털수

새털수는 새의 배나 머리, 목덜미 등 섬세한 부분을 표현하는데 쓰는 기법이다. 수의 작품성을 높이기 위해 이미 놓여 있는 수 위에 세사로 새의 배나, 머리, 목덜미 등 아주 세밀한 부분까지 표현하는 기법으로 묘사적인 성격이 매우 강하다.

새털수_도판12-1

수 놓는 방법

새털수_도판12-2

 새의 배를 자련수로 단계적으로 놓은 후, 마지막에 가장 연한 색 세사를 이용하여 새털의 부드러움과 섬세함을 표현한다.

새털수_도판12-3

 자련수가 놓인 부분이 약간 겹치도록 하는 것이 좋으며 실의 길이도 새의 목덜미로 올라갈수록 적절히 조절해 가며 놓는다.

13 / 균열수(그물수)

균열수는 거미줄이나 비누방울 안의 입체적인 육면체와 같이 불규칙적이고 기학적인 선을 구성해가는 재미있고 독특한 기법이다. 아래 도판과 같이 실을 걸어 당기면서 불규칙적으로 무늬를 만들어 나간다. 담벼락무늬, 도자기 균열, 곤충의 무늬 등을 표현하는데 사용하며 묘사적인 성격이 있는 기법이다.

균열수_도판13-1
출처_한수문화, 저자 이학, 1986년

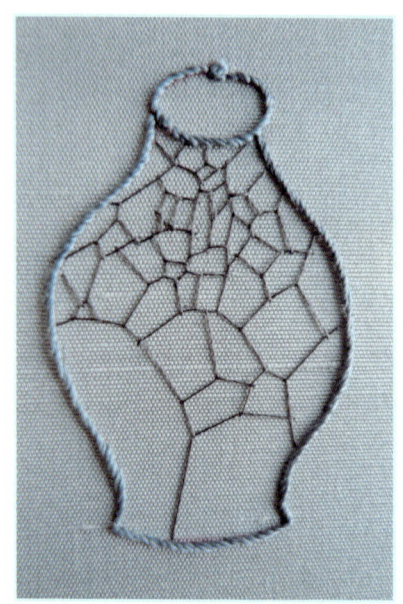

균열수_도판13-2

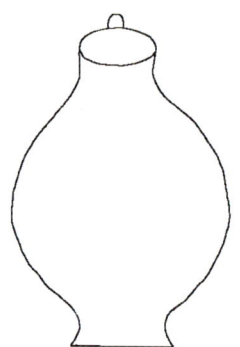

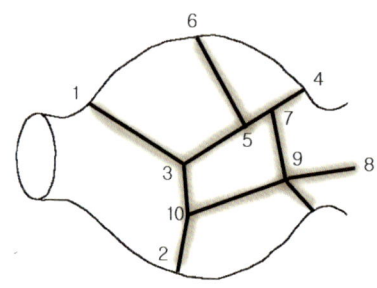

수 놓는 방법

균열수_도판13-3

먼저 도자기의 테두리를 이음수로 놓는다.

균열수_도판13-4

균열을 만들기 위해서 앞 페이지의 그림 순서를 참고하여 도판과 같이 바늘로 가는 실(재사)을 걸어 당긴다.

균열수_도판13-5

처음에는 면을 크게 분할한다.

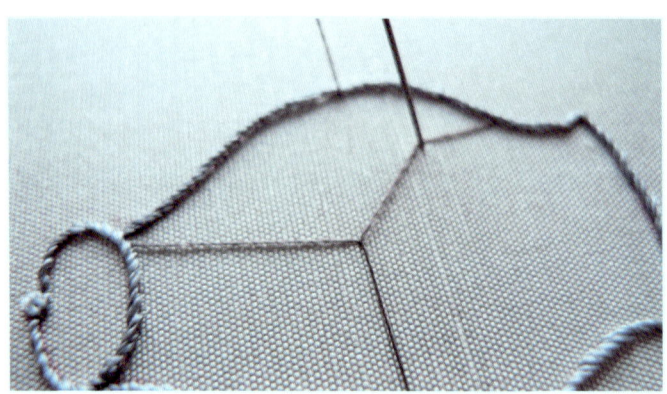
균열수_도판13-6

놓여진 실을 당기면서 면을 만든다.

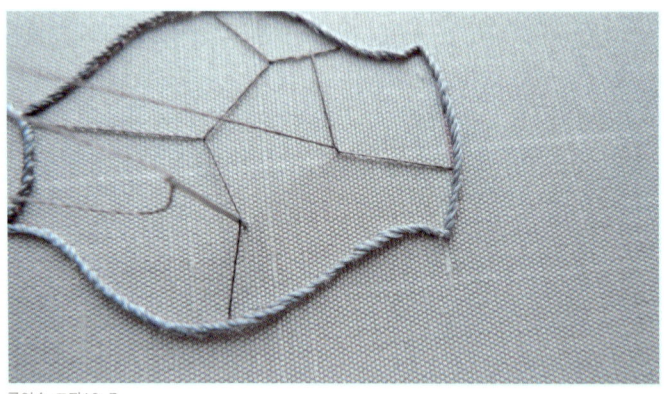
균열수_도판13-7

점점 적당한 크기로 큰 면을 작게 분할해 들어간다.

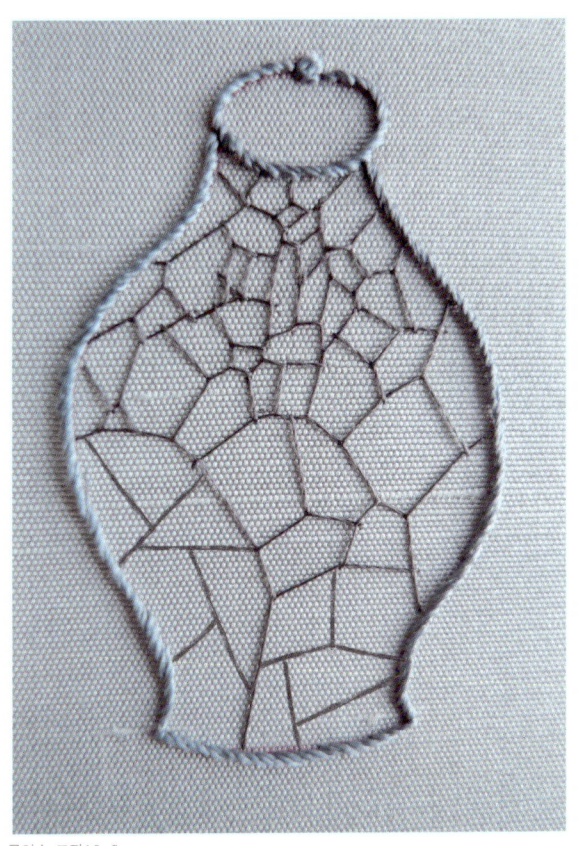

균열수_도판13-8

완성된 모습.

14 / 칠보수

칠보수는 환상적인 색의 조합과 함께 여러 가지 기하학적인 칠보문양, 꽃문양 등 문양의 다양함을 섬유 위에 표현해 낼 수 있는 기법으로 질서와 균형의 조형적 가치를 가진 작업이다. 책거리 평풍은 칠보수가 아주 잘 표현된 대표적인 것 중 하나다. 이 기법은 이미지를 채우는 면의 색과 놓인 면 위에 문양을 나타내는 색을 겹쳐서 실의 색상을 화려하고 다양하게 표현해 내는 묘미가 있다. 수를 놓을 때는 실과 실의 간격, 길이가 중요하며 자수 실을 당겨서 다양하게 기하학적 문양과 꽃의 형상으로 칠보 문양을 표현하는 것이 특징이다.

칠보수_도판14-1
출처_책거리, 저자 허동화, 이렇게 좋은 자수

칠보수_도판14-2

제2장 전통자수 기초 다지기   기초 자수기법

사용한 수의 종류

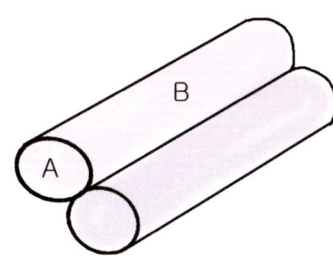

A형

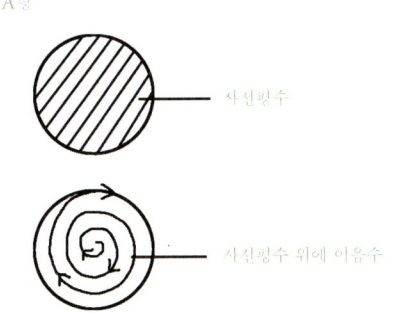

사선평수

사선평수 위에 이음수

B형

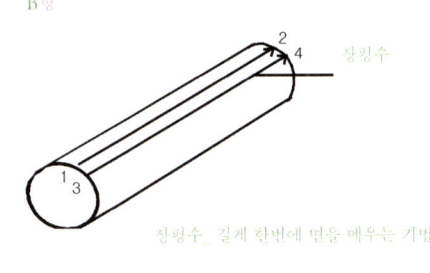

장평수

장평수_길게 한번에 면을 메우는 기법

수 놓는 방법

실기 1

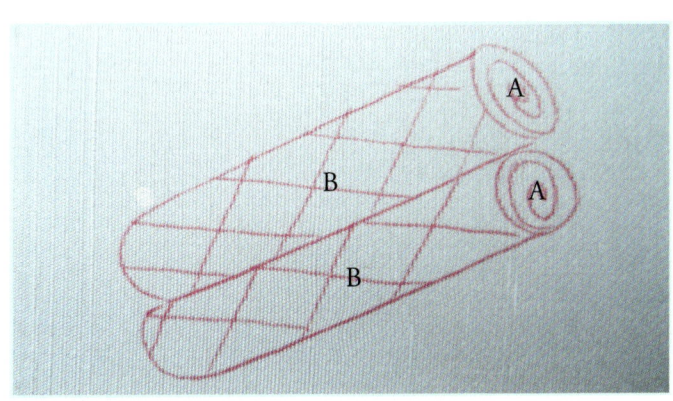

칠보수_도판14-3

01

도안(밑그림)을 이해하고, 도판14-3과 같이 A면은 평수, B면은 장평수로 미리 면을 채워 놓는다. 흰색 평수로 메워진 A면 위에는 검정색 이음수로 나선형의 가장자리를 수 놓는다.

칠보수_도판14-4

장평수로 채워진 B면 위에 실로 위치를 잡고 도판과 같이 사선평수 간격이 서로 일정하면서 평행을 이루도록 수를 놓는다.

칠보수_도판14-5

일정한 간격으로 사선을 겹쳐 가면서 사각형 모양을 만든다.

칠보수_도판14-6

실이 교차 되는 부분을 수평으로 징거 고정시킨다.

사각 공간 안에 일정한 크기의 십자형 문양을 표현한다.

칠보수_도판14-7

같은 색의 실징금수로 가장자리를 수놓아 도안을 완성한다.

칠보수_도판14-8

실기 2

칠보수_도판14-9

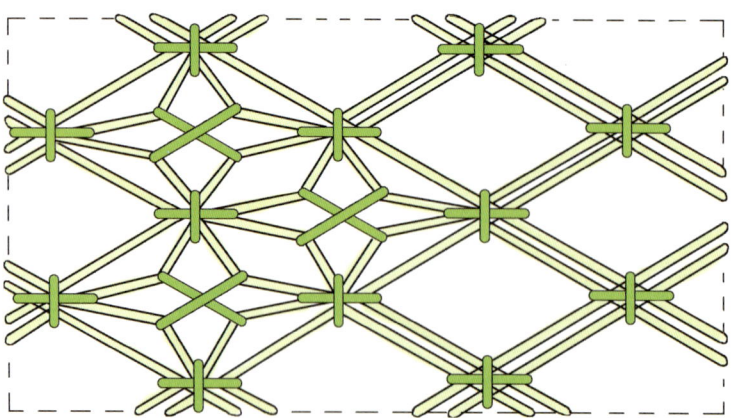

칠보수
놓는 순서

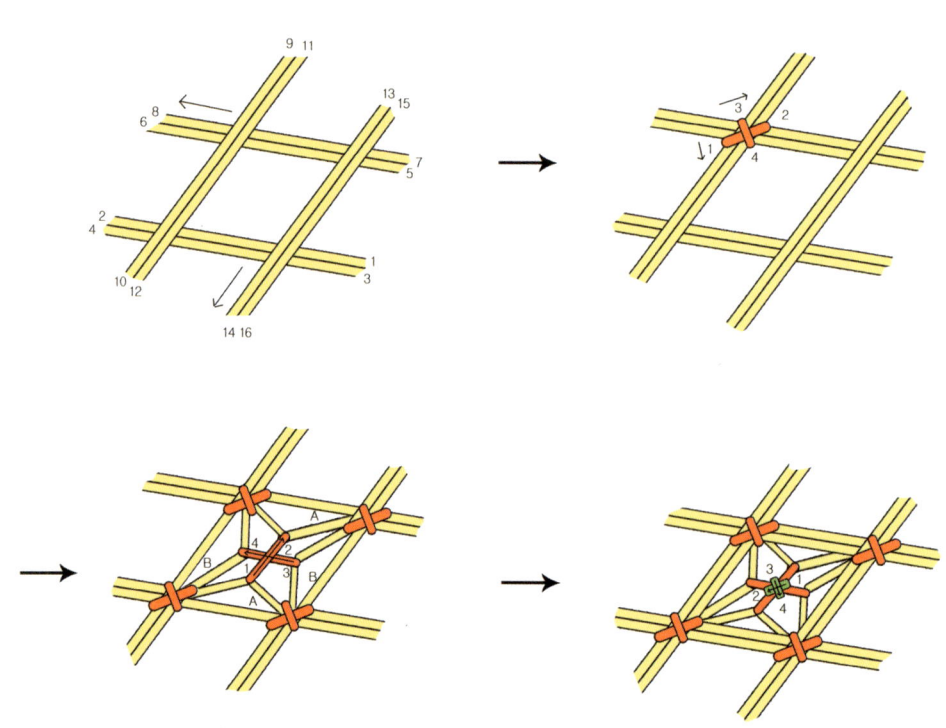

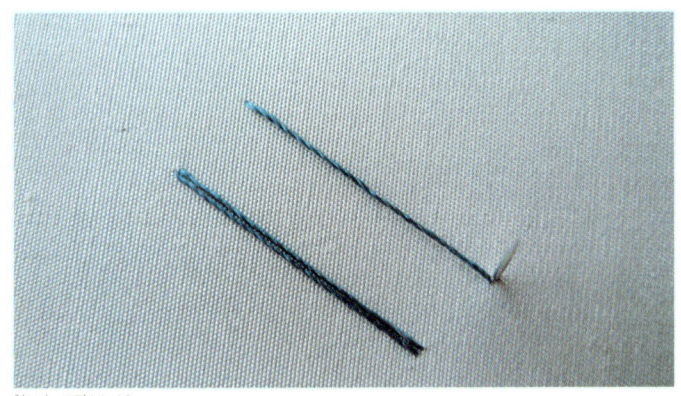

앞 쪽 그림의 수놓는 순서를 참고하면서 먼저 두 줄의 선을 평행으로 놓는다.

칠보수_도판14-10

평행을 유지하면서 선이 교차하게 수를 놓는다

칠보수_도판14-11

실의 교차점에 순서대로 십자형의 수를 놓는다.

칠보수_도판14-12

칠보수_도판14-13

 붉은색 실로 청색실의 한 가닥을 사방 안쪽으로 당기면서 십자형의 수를 놓는다.

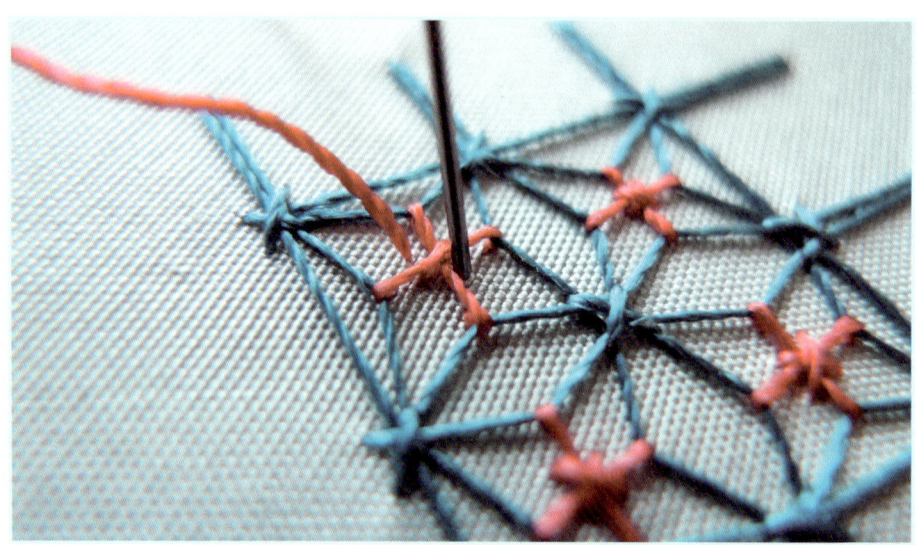

칠보수_도판14-14

 붉은색 실의 교차점에 반복해서 붉은색 실로 작은 십자형의 수를 놓아 완성한다.

15 / 기러기수

기러기수는 마치 기러기가 무리지어 날고 있는 모습을 연상케 하는 기법이다. 그림 순서대로 수를 놓으며 내려갈수록 점차 길이를 짧게 하여 응용하기도 한다. 엉겅퀴, 민들레꽃 등을 표현하는 데 이용하는 기법이다.

기러기수_도판15-1

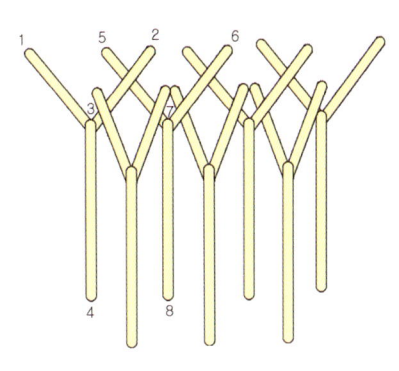

수 놓는 방법

기러기수_도판15-2

도안(밑그림)을 이해하고, 그림의 순서대로 수를 놓아간다. 1번에서 2번으로 바늘을 꽂을 때 실의 길이를 바늘땀보다 길게 남기는 것이 포인트다.

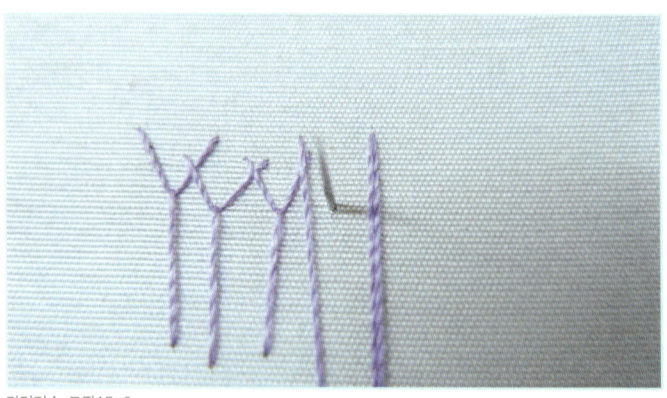

기러기수_도판15-3

3번째 바늘을 꽂아 올릴 때 날개 모양을 만들기 위해 먼저 놓은 실을 걸어서 꽂는다.

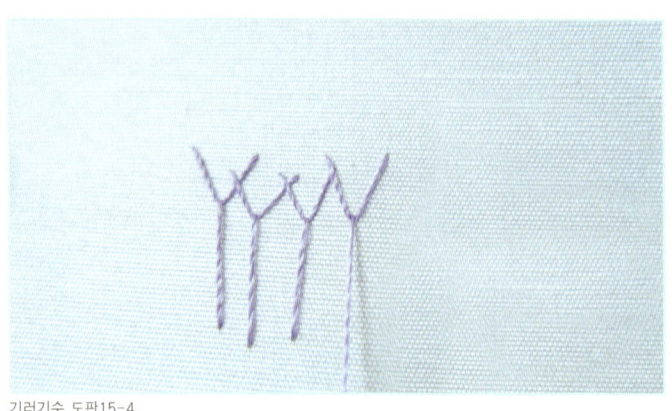

기러기수_도판15-4

실을 걸어서 당기듯이 4번째 꽂을 위치를 정해 바늘을 꽂는다.

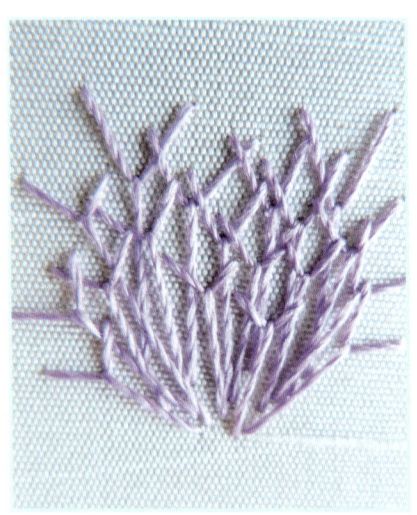

기러기수_도판15-5

삼각형의 각도와 길이에 변화를 준다. 반복해서 내려갈수록 길이를 짧게 하면서 덩어리를 이루듯이 꽃을 완성한다.

16 / 사슬수

사슬수는 오래된 기법으로 일정하게 고리를 만들 듯이 수를 놓아 가는 것이 특징이다. 실의 당김과 실의 굵기, 간격이 사슬수의 원의 크기를 좌우한다. 많은 것을 표현해 낼 수 있는 완전한 기법이다. 우리나라에 현존하는 가장 오래된 사슬수는 내소사 불경덮개(1415년, 보물 제278호)가 있다.

사슬수_도판16-1
불경덮개/이학/자수문화

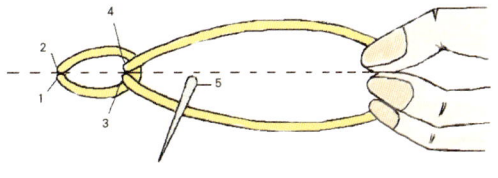

사슬수_도판16-2

수 놓는 방법

사슬수_도판16-3

그림 순서와 같이 바늘을 아래서 위로 꽂아 올린다.

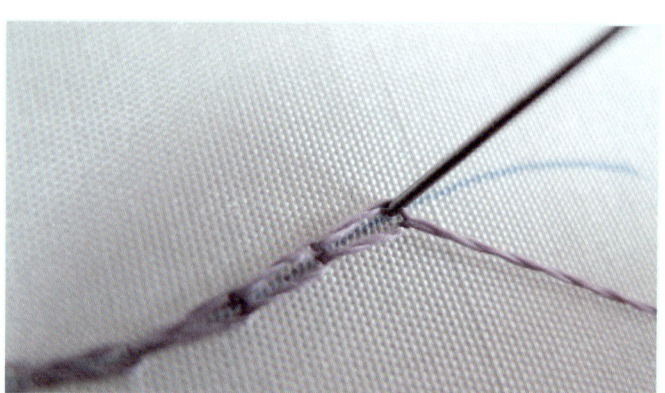
사슬수_도판16-4

바늘 꽂을 간격을 정하고 바로 옆에 두 번째 바늘을 꽂아 내려준다.

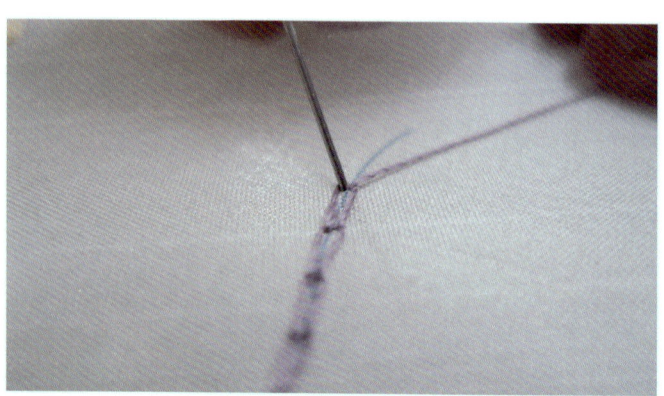
사슬수_도판16-5

실을 당기면서 원을 만들고 바늘을 올리면 사슬 고리가 만들어진다. 반복하여 사슬선을 이어간다.

17. 난십자수

난십자수는 각기 위치가 다른 십자 모양을 서로 불규칙하게 교차하면서 수를 놓아가는 기법이다. 도판에서 보듯이 정십자수처럼 수 놓는 위치가 일정하지 않고 비교적 방향의 구애를 받지 않아 수직, 수평, 사선 등 어느 면이든 표현하기에 좋은 자수 기법이다. 바위나 도자기, 기물 표현 등 넓은 면적을 채우는데 사용되나 작품에 따라 다양하게 표현될 수 있는 기법이다.

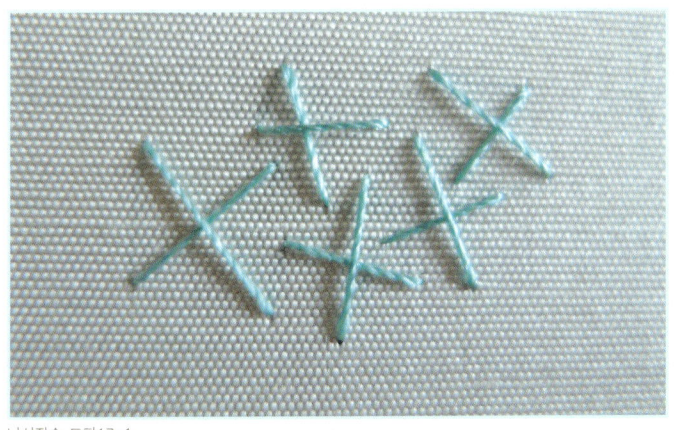
난십자수_도판17-1

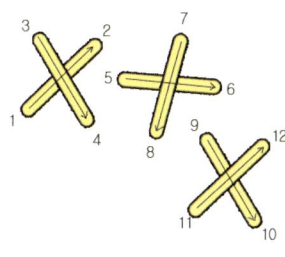

수 놓는 방법

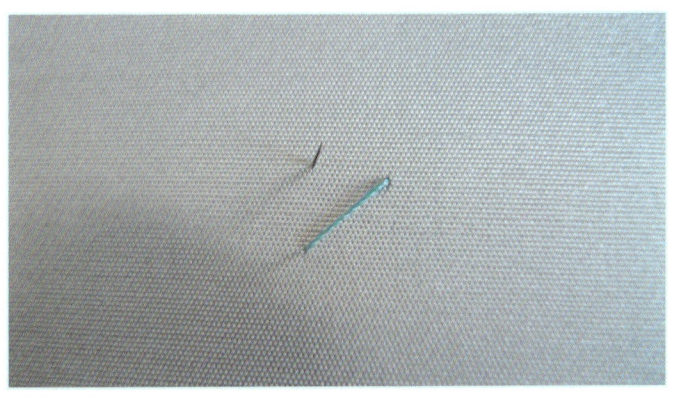
난십자수_도판17-2

직선을 서로 교차하여 십자 모양을 만들어 간다

난십자수_도판17-3

난십자수_도판17-4

난십자수_도판17-5

십자모양을 하나 만들고 이어서 다른 하나는 엇갈리게 교차 시키는 것이 특징이다.

난십자수 응용

난십자수를 응용해서 나비의 날개를 완성해 보자.

난십자수_도판17-6

난십자수_도판17-7

01

먼저 나비 날개 가장자리는 이음수로 놓고 날개 안쪽 면은 십자형이 서로 엇갈리도록 난십자수로 놓는다.

난십자수_도판17-8

02

십자모양을 하나 만들고 이어서 다른 하나는 엇갈리게 교차한다.

난십자수_도판17-9

 십자수를 반복하되 엇갈림이 균형있게 나비날개 전체에
고루 분포되도록 놓는다.

난십자수_도판17-10

 한쪽 날개를 마치고 다른 한쪽 같은 방법으로 완성한다.

18 / 삼각수

삼각수는 길이가 같은 일정한 3개의 선을 반복적으로 만들어 가며 삼각형의 조형을 만들어 나가는 기법이다. 면을 메우면서 동시에 다양한 조형을 만들 수 있는 자유로운 기법이다. 바위, 도자기, 기물 표현 등 넓은 면적을 메우는데 사용하지만 작업에 따라 다양한 특징을 나타내는 데 쓸 수 있는 기법이다.

삼각수_ 도판19-1

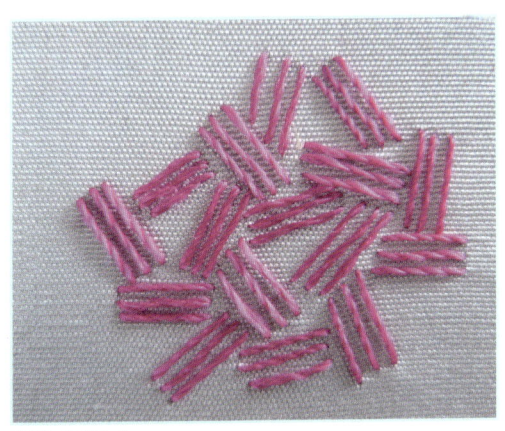

삼각수_ 도판19-2

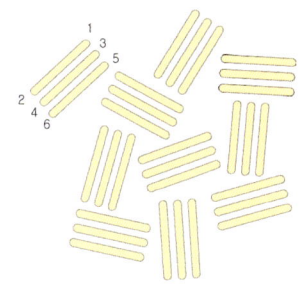

수 놓는 방법

삼각수_ 도판19-3

01

3개 선의 길이와 간격이 일정하고 평행이 되도록 한 그룹으로 수를 놓는다.

삼각수_ 도판19-4

02

3개의 선을 한 그룹으로 하여 삼각형을 그리듯이 수를 놓아간다

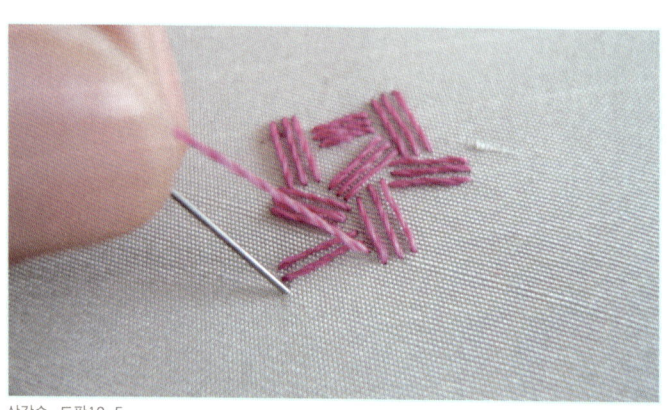
삼각수_ 도판19-5

03

일정하게 반복하여 수를 놓으며 마치 삼각형의 조합처럼 모양을 만들어간다.

제2장 전통자수 기초 다지기　　기초 자수기법　　119

삼각수_ 도판19-6

주의 삼각수는 삼각형의 조형을 이루면서 만드는 것이 특징이므로 도판과 같이 일정하게 수를 놓으면 안된다.

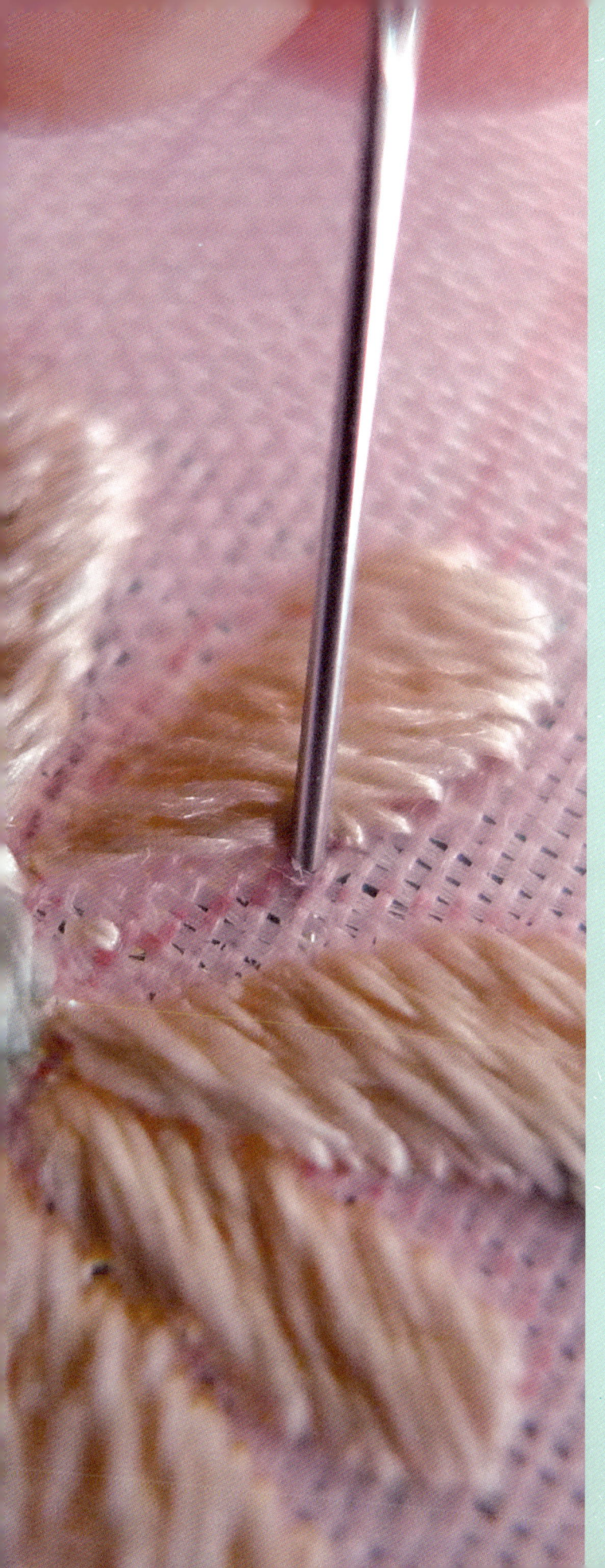

chapter 3

제3장

전통자수품 만들기

1.
골무

2.
바늘꽂이

3.
귀주미니
옛주머니

4.
수보자기

전통자수품
만들기

1.

골무

골무

골무는 실용적인 목적이 강하다. 수 골무는 다양한 길상 문양을 이용하여 천의 한쪽이나 양쪽 면에 수를 놓아 아름다움을 표현했다. 골무는 두꺼운 옷감을 바느질할 때 바늘로부터 손끝을 보호하기 위한 필수품으로, 그 옛날의 바느질을 많이 하던 시절에는 골무를 마름질해서 만들어 놓는 일은 일상적인 생활이었다.

골무를 만들 때는 작은 자투리 천을 이용하여 잇거나 수를 놓아 두 겹을 귀갑치기(사뜨기)해서 완성했다. 혼인을 앞둔 처녀는 평소에 침선과 수를 놓으며 자연스럽게 인내심과 내면의 수양을 쌓고 규방수업을 체득하였다. 특히 시집갈 때는 수 골무, 민 골무 등 여러 가지 골무 100개를 준비해서 시집을 갔는데, 그 골무로 시댁 식구들이나 주변 사람들에게 새 각시의 솜씨를 자랑하기도 하였다.

골무의 종류

민 골무
앞, 뒷면의 바탕천 색을 같게 하거나 한쪽 면을 다른 색으로 하여 만든 골무.

조각 골무
작은 자투리 천을 조각조각 이어서 만든 골무.

경상도 골무
바늘이 많이 닿는 부분에 굵은 면실로 똬리를 틀듯이 해서 원형의 형태를 유지한 골무.

수 골무
문양은 화문, 나비, 새, 천도, 석류, 불로초, 태극문, 길상문 등 오색실로 문양의 기법에 따라서 정성을 다하여 수를 놓은 골무.

규중칠우쟁론기 (작자 미상)

감토 할미 웃고 이르되,

"각시님네, 웬만하면 자랑 마소. 이 늙은이 수말 적기로 아가시내 손부리 아프지 아니하게 바느질 도와 드리나니, 옛말에 닭의 입이 될지언정 소 뒤는 되지 말라 하였으니, 청홍 각시는 세요의 뒤를 따라 다니며 무삼 말 하시나뇨. 실로 얼굴이 아깝도다. 나는 매양 세요의 귀에 찔리었으되 낯가죽이 두꺼워 견딜만하고 아모 말도 아니 하노라." …… 중략

감토 할미 머리를 조아리며 이르되, "젊은 것들이 망녕되어 생각이 없는지라. 저희들이 재주 있으나 공이 많음을 자랑하여 원망을 하여 대니 마땅히 곤장을 칠 만하되, 평소의 깊은 정과 저희 조그만 공을 생각하여 용서하심이 옳을까 하나이다."

여자 답하여 이르기를, "할미 말을 좇아 용서하리니, 내 손부리가 성한 것이 다 할미 공이라. 꿰어차고 다니며 은혜를 잊지 아니하리니, 비단주머니를 만들어 그 가운데 넣고 몸에서 떠나지 않게 하리라." 하니, 할미는 머리를 조아려 사례를 표하고 칠우는 부끄러워하며 물러나니라.

조선 후기의 규중칠우쟁론기에 의인화하여 바느질하는 여인들의 마음을 엿볼 수 있는 골무에 대한 대표적인 수필이다.

제3장 전통자수품 만들기　　골무 a thimble

만드는 방법

준비물

겉감접착천　안감　광목배접천　　　　　　　　　　　면봉
명주천(겉감)　안감접착천　골무원형 형태 본　명주실　바늘　가위　섬유접착풀　+다리미

천: 명주 7x7cm 2장, 안감 4x7cm 1장, 광목 배접지 4x7cm 1장
접착천: 겉감 5x5cm 2장

수놓기 1_ 매화꽃

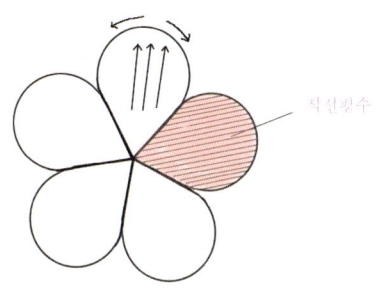

직선찍수

골무_ 도판1-1

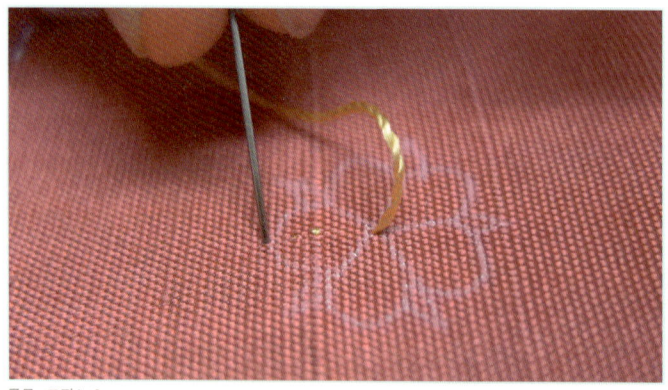

골무_ 도판1-2

step.01
/
바탕천의 매화꽃 도안을
살핀다. 항상 처음에는
천 위에 점수를
두 번 놓고 시작한다.

step.02
/
매화꽃잎에
직선평수를 놓는다.

골무_ 도판1-3

골무_ 도판1-4

step.03
/
꽃잎과 꽃잎 사이는
땀수로 꽃문양을 완성한다.

골무_ 도판1-5

step.04
/
꽃잎의 땀수 사이를
붉은색 선수로
선을 표현한다.

step.05
/
잎은
사선평수로 한다.

골무_ 도판1-6

골무_ 도판1-7

step.06
/
완성된 5개의 꽃잎 위에
각기 다른 색의
매듭수를 놓아
예쁘게 표현해 본다.

골무_ 도판1-8

step.07

도판과 같이
골무 한쪽 면의 꽃잎을
완성한다.

수놓기 2_ 새

골무_ 도판1-9

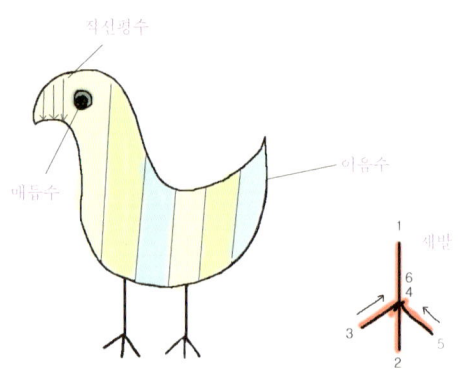

step.01

바탕천의
새 밑그림을 살펴본다.

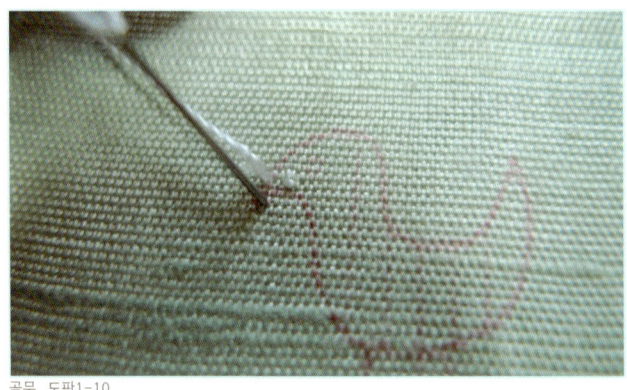

골무_ 도판1-10

제3장 전통자수품 만들기   골무 a thimble

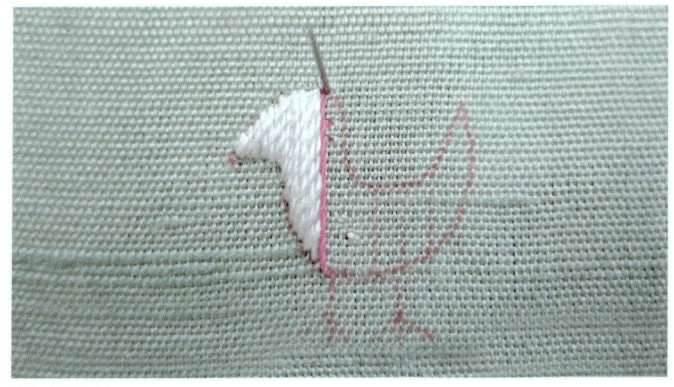
골무_ 도판1-11

step.02

6개로 나누어진 면을
도판과 같이
색상을 선택하고
직선 평수로 수를 놓는다.

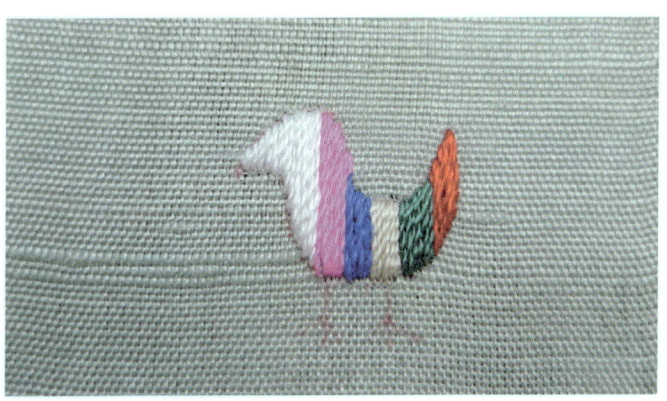
골무_ 도판1-12

골무_ 도판1-13

step.03

새 몸통의 수를
다 놓았으면 새의 다리를
선수기법으로
그림과 같이 수를 놓는다.

골무_ 도판1-14

step.04
/
새 눈은 적당한 위치에
매듭수로 놓는다.

골무_ 도판1-15

골무_ 도판1-16

step.05
/
새의 가장자리는
가는 금사로 이음수를 놓아
완성한다.

골무 만들기

골무_ 도판1-17

step.01
/
수놓은 바탕천 뒷면에
접착천을 대고
다림질로 붙인다.

골무_ 도판1-18

step.02
/
다른 한 면도 01과 같이
접착천을 다리미로 붙여
놓는다

골무_ 도판1-19

골무_ 도판1-20

step.03
/
골무 양쪽에 댈
두 장의 천을
5×5cm 크기로
재단해 준비한다.

골무_ 도판1-21

step.04

／

완성된 수 A겉감과 B겉감을 뒷면의 수를 중심으로 연필로 골무모양을 살짝 그린다.

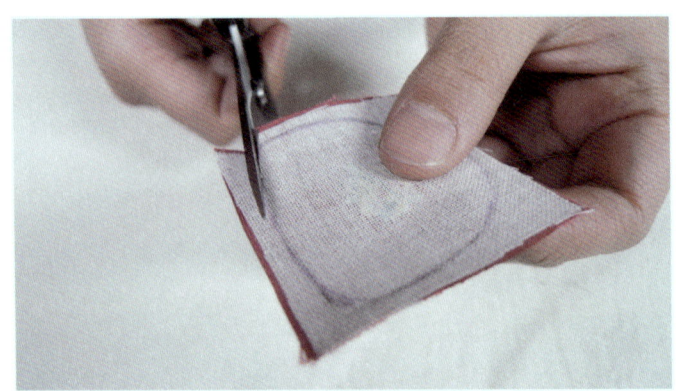

골무_ 도판1-22

step.05

／

골무선 으로부터 0.8cm 정도 시접을 남기고 나머지는 가위로 잘라낸다.

골무_ 도판1-23

step.06

／

05에서 작업한 겉감 2장과 골무크기의 광목배접지 4cm×7cm를 반으로 가위질 하여 도판 1-23과 같이 2장으로 골무모양을 만들어 준비한다.

제3장 전통자수품 만들기   골무 a thimble

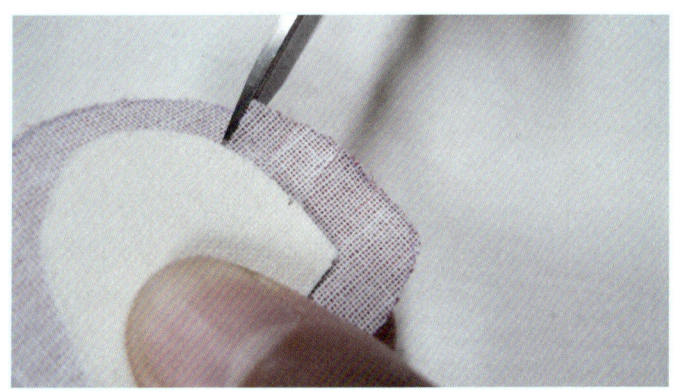
골무_ 도판1-24

step.07

수놓은 겉감 뒷면에 위치를 정하고 광목배접지를 놓는다. 아래쪽 면은 제외하고 나머지 면은 0.5cm×0.6cm 길이로 가위집을 낸다. 이 때 가위집이 너무 안쪽으로 깊이 들어가지 않도록 주의해야 한다.

step.08

도판과 같이 시접에 섬유접착풀을 발라 안으로 꺾어 붙인다.

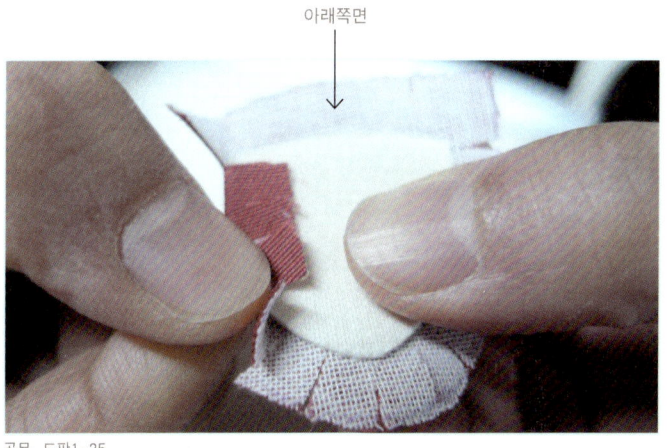
아래쪽면
골무_ 도판1-25

골무_ 도판1-26

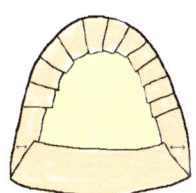

step.09

가위집이 난 시접을 겹쳐가면서 섬유접착풀로 배접지에 붙인다. 아랫면도 그림처럼 안쪽으로 접어 깔끔하게 접착한다.

골무_ 도판1-27

step.10

/

준비된 안감 4cm×7cm를 반으로 가위질 한다. 2cm×3.5cm 두 장을 골무크기보다 작게 준비하고 섬유접착풀로 도판1-28과 같이 두 장을 모두 붙여 놓는다.

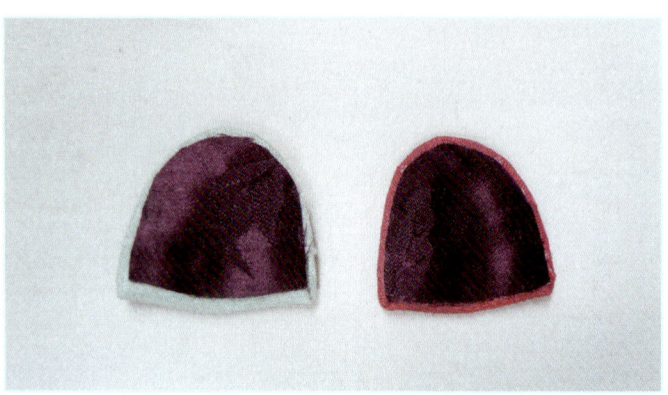

골무_ 도판1-28

골무_ 도판1-29

step.11

/

위와 같이 준비된 앞, 뒷장의 안쪽을 서로 맞대어 밑부분을 제외한 나머지를 모두 사뜨기로 이어준다.

제3장 전통자수품 만들기　　골무 a thimble

골무_ 도판1-30

step.12
/
꼼꼼하게 사뜨기로
마무리한다. 사뜨기 할 때
딱딱해진 면은
면봉으로 살짝 물을 묻히면
부드러워져
바느질이 효과적이다.

step.13
/
골무틀을 이용하여
모양을 보기좋게 잡아주면
완성된다.

골무_ 도판1-31

골무
만드는 순서

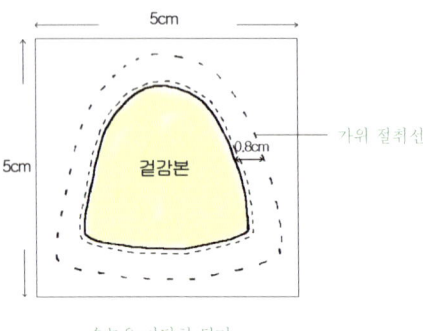

수놓은 바탕천 뒷면

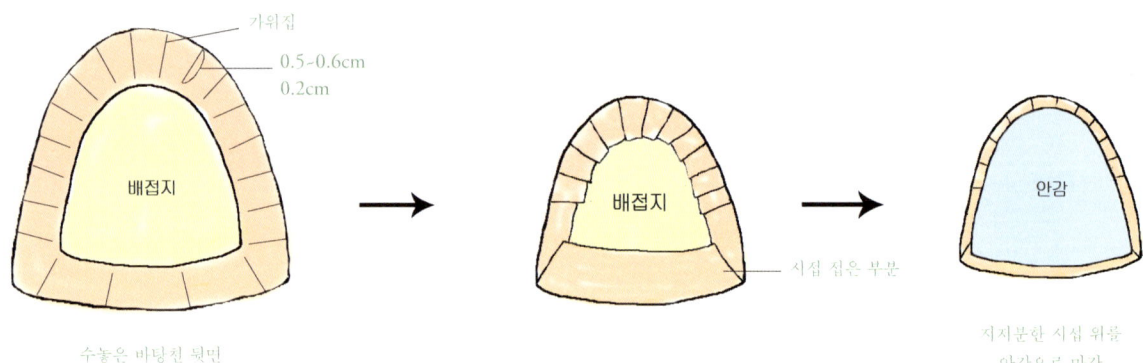

수놓은 바탕천 뒷면 　　　　시접 접은 부분 　　　　지지분한 시접 위를 안감으로 마감

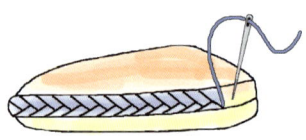

2장을 합쳐 감치기하여 완성

| 제3장 전통자수품 만들기 | 골무 a thimble |

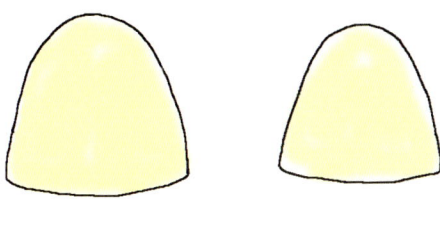

골무 실제 겉감본　　　골무 실제 안감본

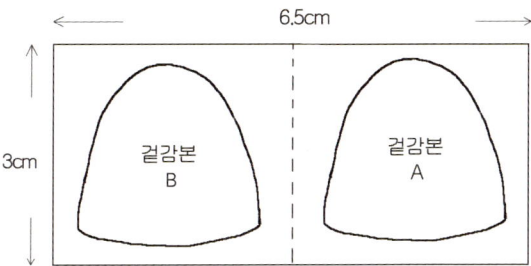

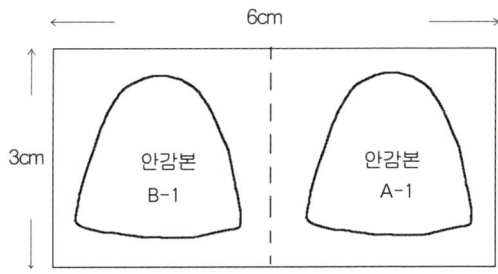

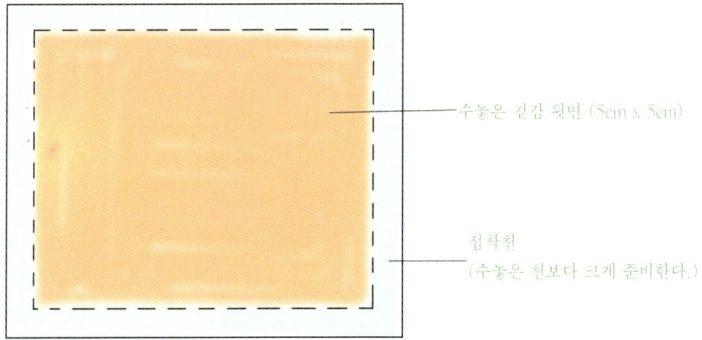

수놓은 겉감 뒷면 (5cm x 5cm)

접착천
(수놓은 천보다 크게 준비한다.)

전통자수품
만들기

2.

바늘꽂이

바늘꽂이

현대생활에서 바늘의 쓰임새는 과거에 비해 많이 줄었지만, 옛 여인들에게 바늘은 일상에서 가장 소중한 필수품 중 하나로 당시에는 여인들의 규방문화를 이루며 희로애락(喜怒哀樂)을 함께해 온 빼놓을 수 없는 중요한 요소였다.

바늘꽂이는 바늘 때문에 발생하는 안전사고나 분실, 녹슬음을 방지하고, 바느질 할 때 가까이에 놓고 바늘을 꽂아 두면 손쉽게 이동하면서 사용할 수 있는 편리함이 있다. 바늘꽂이의 재료는 바느질하다 남은 자투리 천을 모아 단색 또는 여러 가지 색상을 배색하여 자수로 장식하고 속은 일상에서 쉽게 구할 수 있는 머리카락이나 솜 등을 넣어 채웠다. 바늘꽂이 중심이나 네 모퉁이는 술이나 천으로 장식하고 아름다운 색깔의 끈을 달아 벽에 걸어 두면 편리함과 실용성에 더하여 장식적인 효과도 볼 수 있다.

조선 순조 때 일찍 남편을 잃고 바느질로 소일하며 지내던 양반가문의 한 부인이 오랫동안 아끼고 애용하던 바늘이 부러지자 애통한 심정을 달랬던 유씨부인(俞氏夫人)의 「조침문(弔針文)」과 조선 후기 규중칠우쟁론기는 우리나라의 고전수필로서 바늘에 관한 대표적인 글들이다.

조침문(弔針文)

유세차(維歲次) 모년 모월 모일에
미망인 모씨(某氏)는 두어 자 글로써 침자(針子)에게 고하노니,
인간 부녀의 손 가운데 종요로운 것 바늘이로되,
세상 사람이 귀히 아니 여기는 것은 도처에 흔한 바이로다.
이 바늘은 한낱 작은 물건이나, 이렇듯이 슬퍼함은 나의 정희 남과 다름이라.
오호통재(嗚呼慟哉)라.
불쌍하고 불쌍하다. 너를 얻어 손 가운데 지닌 지
우금(于今) 27년이라 어이 인정이 그렇지 아니하리오.
애재(哀哉)라.

눈물을 잠깐 걷고 심신을 겨우 진정하여,
너의 행장(行狀)과 나의 회포를 총총히 적어
영결하노라.

연전에 우리 시삼촌께옵서 동지사(冬至使) 낙점(落點)을 무르와 북경을 다녀오신 후에
바늘 여러 쌈을 주시거늘. 친정과 원근 일가에게 보내고,
비복(婢僕)들도 쌈쌈이 낱낱이 나눠 쓰고,
그 중에 너를 택하여 손에 익히고 익히어, 지금까지 해로하였더니 애재라.
연분이 비상하야 바늘을 무수히 잃고 부러뜨려 버렸으되, 오직 너 하나를 영구히 보전하니,
비록 무심한 물건이나 어찌 사랑스럽고 미혹지 아니하리오.
아깝고 불쌍하며 섭섭하도다.

나의 신세 박명하여, 슬하에 한 자녀 없고,
인명이 흉완(凶頑)하여 일찍 죽지 못하고, 가산이 빈궁하야
침선(針線)에 마음을 붙여 저것으로 시름을 잊고 생애를 도움이 적지 아니하더니.
오늘날 영결하니 오호통재라.
이는 귀신이 시기하고 하늘이 미워하심이로다.

아깝다 바늘이여. 어여쁘다 바늘이여.
네 미묘한 품질과 특별한 재질을 가졌으니
물중(物中)의 영물(靈物)이요, 철중(鐵中)에 쟁쟁(錚錚)이라.
민첩하고 날래기는 백대(百代)의 협객이요, 굳세고 곧기는 만고의 충절이라
추호 같은 부리는 말하려는 듯하고, 두렷한 귀는 소리 듣는 듯 하는지라.
능라와 비단에 난봉공작(鸞鳳孔雀)을 수놓을 제.
그 민첩하고 신기함은 귀신이 돕는 듯하니.
어찌 인력이 미칠 바리오.

오호통재라.

자식이 귀하나 손에 놓을 때도 있고, 비복이 순하나 명을 거스를 때도 있나니

너의 미묘한 기질이 나의 전후(前後)에 수응(酬應)함을 생각하면 자식보다 낫고 비복보다 나은지라.

천은(天銀)으로 집을 하고, 오색(五色)으로 파란(波瀾)을 놓아, 겉고름에 채었으니

부녀의 노리개라, 밥먹을 적 만져보고 잠잘 적 만져보고, 더불어 너와 벗이 되어,

하지일(夏至日)과 동지야(冬至夜)에 등잔을 상대하며

누비며 호며 감치며 박으며 공그를 때에, 겹실을 꾀었으니

봉미(鳳尾)를 두르는 듯 땀땀이 떠갈 적에 수미(首尾)가 상응하고

솔솔이 붙여내매 조화가 무궁하다.

인생 백년 동거하려더니, 오호통재라 바늘이여.

금년 시월 초열흘 술시(戌時)에 희미한 등잔 아래서 관대(冠帶) 깃을 달다가 무심중간에

자끈동 부러지니, 깜짝 놀라워라. 아야야야 바늘이여, 두 동강이 났구나.

정신이 아뜩하고 두골(頭骨)이 깨지는 듯하매, 이윽도록 기색혼절(氣塞昏絶)하였다가

겨우 정신을 차려 만져보고 이어본들, 속절없고 하릴없다.

편작(扁鵲)의 신술(神術)로도 장생불사(長生不死) 못하였네.

동네 장인에게 때인들, 어찌 능히 때일손가.

한 팔 떼어낸 듯, 한 다리를 베어낸 듯, 아깝다 바늘이여 가슴을 만져보니 꽂히었던 자리없네.

오호통재라,

내 삼가지 못한 탓이로다.

무죄한 너를 만치니, 백인(百人)이 유아이사(由我而死)라,

누구를 한(恨)하며 누구를 원(怨)하리요,

능란한 성품과 공교한 재질을 나의 힘으로 어찌 다시 바라리오.

절묘한 의형(儀形)은 눈 속에 삼삼하고 특별한 품재(品才)는 심회(心懷)가 삭막하다.

비록 물건이나 무심치 아니하여

후세에 다시 만나 평생 동거지정(同居之情)을 다시 이어

백년고락 생사를 한가지로 하기 바라노라.

오호통재라 바늘이여.

규중칠우쟁론기(작자 미상)

세요 각시 가는 허리 구부리며 날랜 부리 두루혀 이르되,

"양우(兩友)의 말이 불가하다. 진주 열 그릇이나 꿴 후에야 보배라 할 것이니, 재단(裁斷)에 능소능대(能小能大)하다 하나 나 곧 아니면 작의(作衣)를 어찌 하리오. 세누비 미누비 저른 솔 긴 옷을 이룸이 나의 날래고 빠름이 아니면 잘게 뜨며 굵게 박아 마음대로 하리오. 척부인의 재어 내고 교두 각시 버혀 내다 하나, 내 아니면 공이 없으려든 두 벗이 무삼 공 자랑하나뇨."

청홍 각시 얼골이 붉으락 프르락 하야 노하여 이르되,

"세요야, 네 공이 내 공이라. 자랑마라. 네 아모리 착한 체하나 한 솔 반 솔인들 내 아니면 네 어찌 성공하리오." ……중략

세요 각시 한숨지으며 이르되,

"내 일찍이 무슨 일로 사람 손에 보채이며 요악지성(妖惡之聲)을 듣는고. 각골통한하며, 더욱 나의 약한 허리 휘두르며 날랜 부리 두루혀 힘껏 침선을 돕는 줄은 모르고 마음 맞지 않으면 나의 허리 부러뜨려 화로에 넣으니 어찌 통원하지 않으리오. 사람과는 극한 원수라. 갚을 길 없어 이따금 손톱 밑을 찔러 피를 내어 한을 풀면 조금 시원하나. 간흉한 감토 할미 밀어 내어 만류하니 더욱 애닯고 못 견디리로다."

만드는 방법

준비물

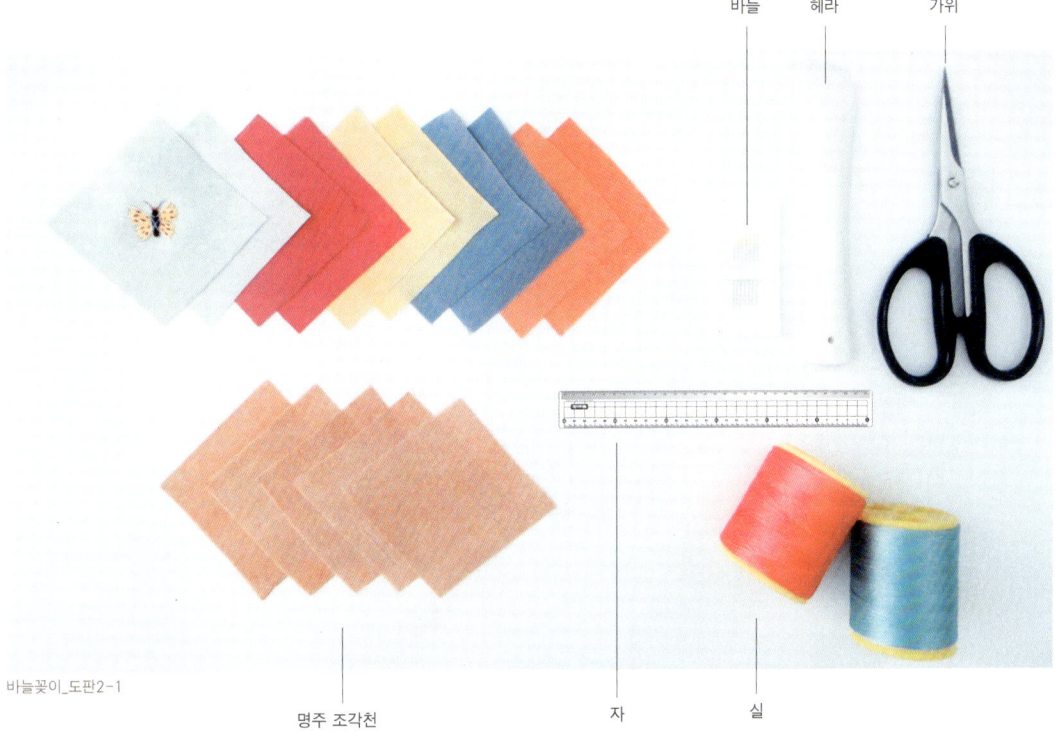

바늘꽃이_도판2-1

명주 조각천 자 실 바늘 헤라 가위

수놓기 1_ 나비

바늘꽃이_도판2-2

나비문양 수놓는 순서

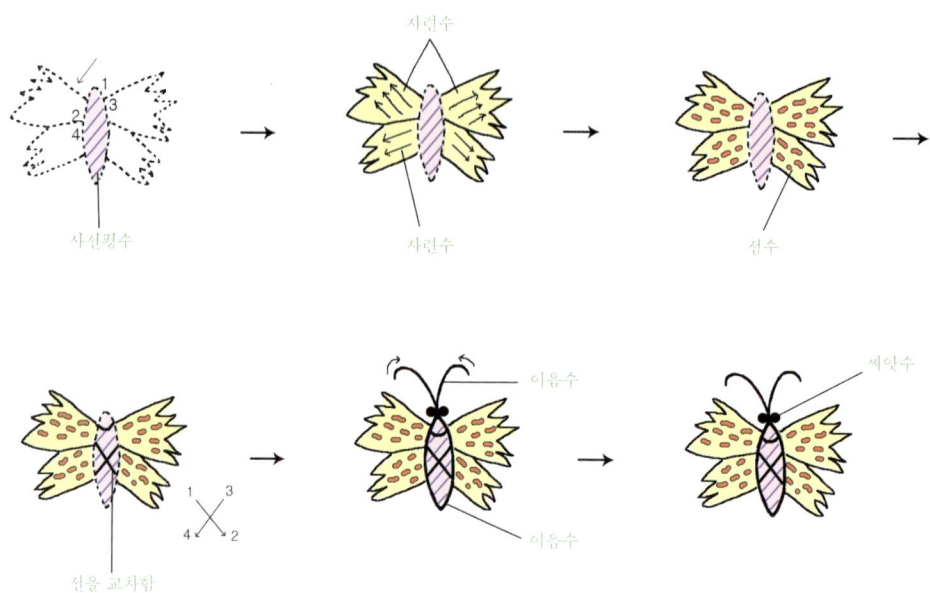

수 놓기

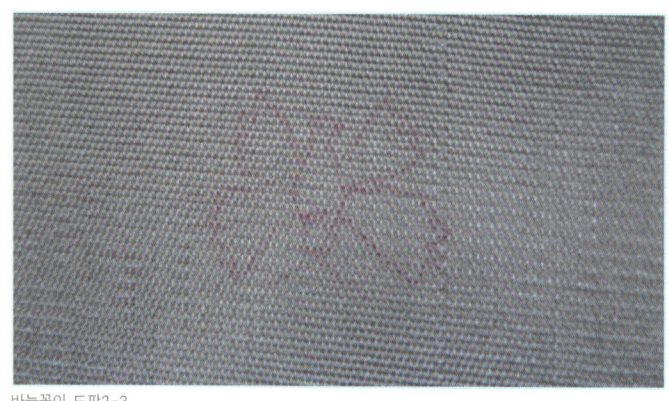

바늘꽂이_도판2-3

step.01

나비 문양을
잘 보고 이해한다.

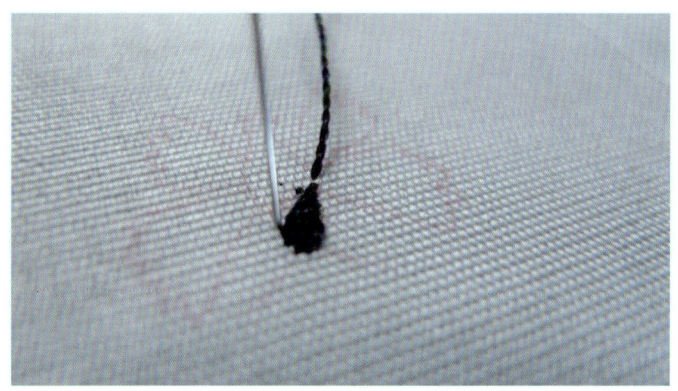

바늘꽂이_도판2-4

step.02
/
점수를 2번 놓고
나비 몸통 부분을 검은 실
사선평수를 놓아
채운다.

step.03
/
나비 날개 면을
채우기 위해 노란색 실을
선택하고
자련수로 수를
놓는다.

바늘꽂이_도판2-5

바늘꽂이_도판2-6

step.04
/
나비의 양 날개를
자련수로 채운다.

바늘꽂이_도판2-7

step.05
/
자련수가 놓인
나비 날개 위에 핑크색
점수를 놓는다.

바늘꽂이_도판2-8

step.06
/
사선평수의
나비 몸통 위를 보라색 실로
선을 교차한다.

바늘꽂이_도판2-9

step.07
/
나비의
몸통 가장자리와 더듬이를
이음수로 연결한다.

제3장 전통자수품 만들기   **바늘꽂이** a pincushion

바늘꽂이_도판2-10

step.08 / 나비의 눈은 매듭수(씨앗수)로 나타낸다.

바늘꽂이_도판2-11

step.09 / 완성된 나비의 모습.

바늘꽂이 만들기

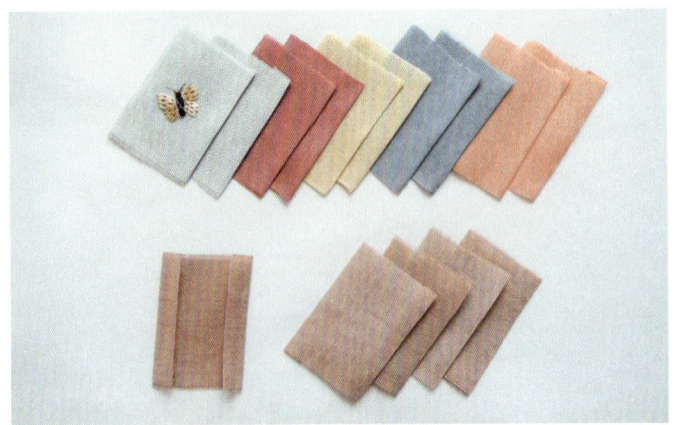

바늘꽂이_도판2-12

step.01

/

명주천은
시접을 포함하여 6×6cm
크기로 15조각을
재단해 둔다.

step.02

/

헤라를 사용해서
각 조각의 양쪽 시접을
1cm씩 접어둔다.

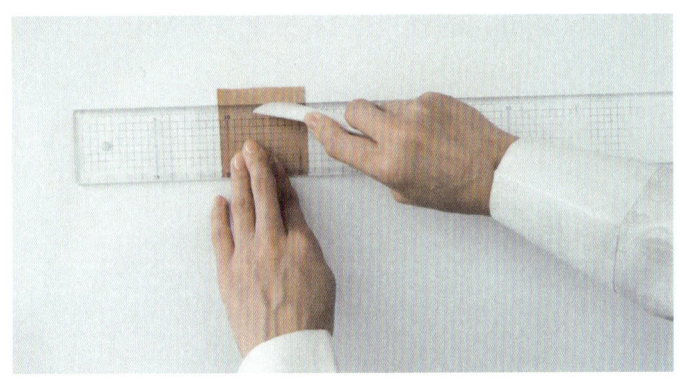

바늘꽂이_도판2-13

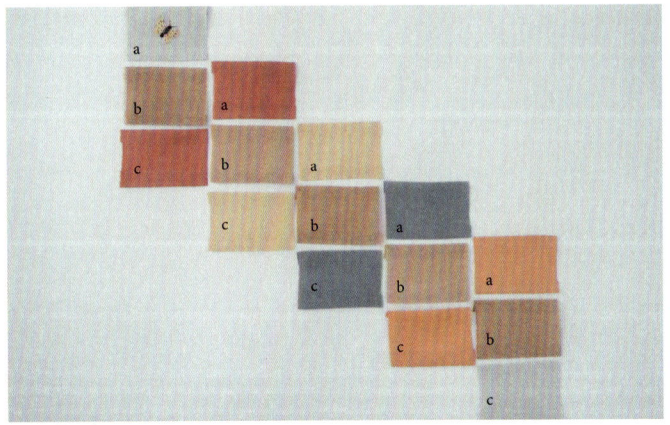

바늘꽂이_도판2-14

step.03

/

바늘방석이 완성되었을
때의 색상을 고려해
도판 2-14와 같이 각 천
조각의 위치를 정해 놓는다.
이때 a가 윗면 b가 가운데
c가 아랫면이 된다.

제3장 전통자수품 만들기　　**바늘꽂이** a pincushion

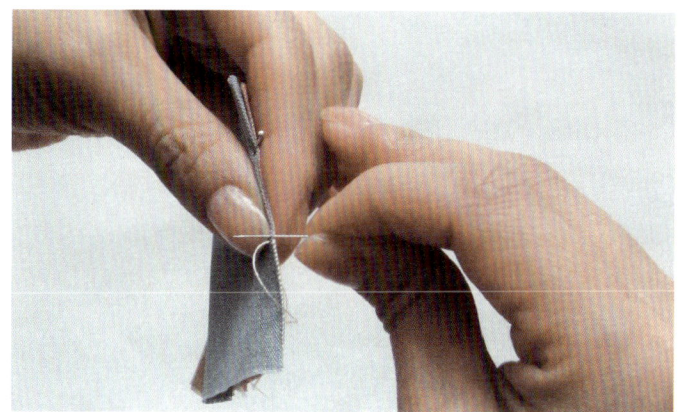
바늘꽂이_도판2-15

step.04
/
먼저 세로로 놓인
조각을 3개씩
직각 감침질로 이어 둔다.

step.05
/
3조각씩 이어진 천
양쪽에 자를 대고
헤라로 1cm씩 선을 그어
시접을 접는다.

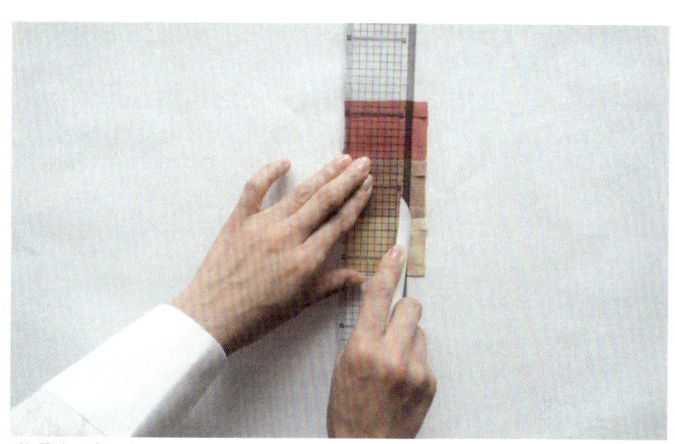
바늘꽂이_도판2-16

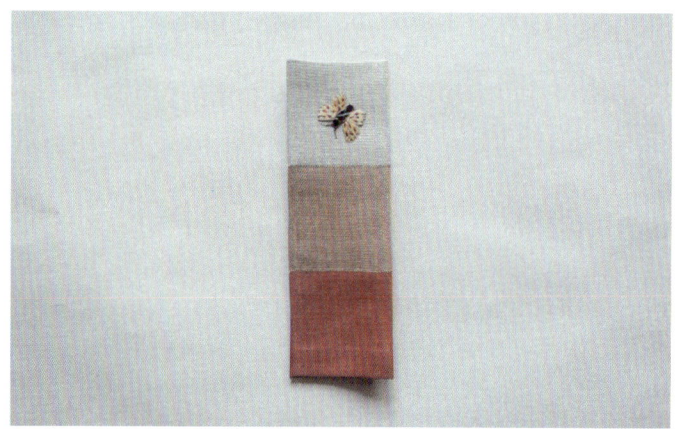
바늘꽂이_도판2-17

바늘꽂이_도판2-18

step.06
/
5장을 모두 접어서
처음 배열해둔 순서대로
잘 맞았는지 확인한다.

step.07
/
천 조각의
이어진 꼭짓점을
잘 맞춰 놓인 순서대로
직각 감침질로 잇는다.

바늘꽂이_도판2-19

바늘꽂이_도판2-20

step.08
/
같은 방법으로
천을 모두 연결한다.
천 조각 하나의 크기는
4×4cm이다.

바늘꽂이_도판2-21

step.09

/

도판과 같이
이어진 천의 윗부분부터
한 면씩 감침질로
이어준다.

바늘꽂이_도판2-22

바늘꽂이_도판2-23

바늘꽂이_도판2-24

step.10
/
바늘방석 아랫부분도
같은 방법으로
모두 연결한다.

step.11
/
창구멍으로
솜을 밀어 넣어 채운다.

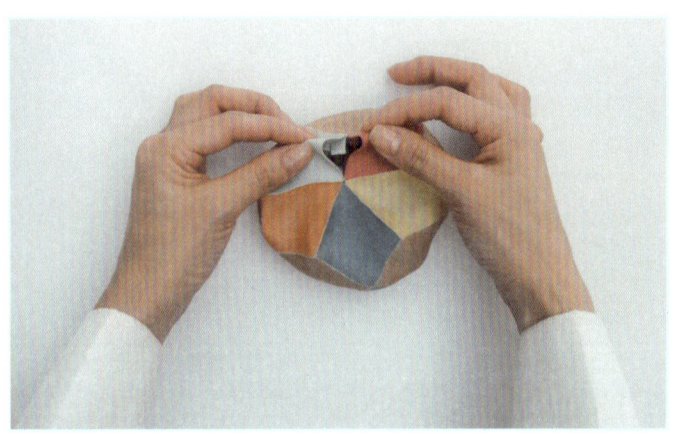
바늘꽂이_도판2-25

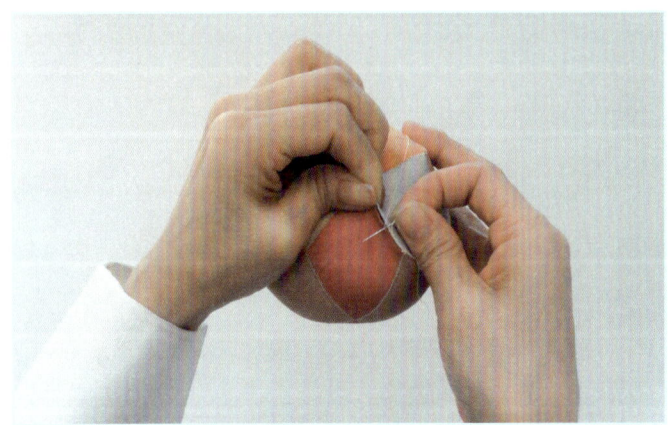
바늘꽂이_도판2-26

step.12
/
솜을 모두 채운 후
감침질로 막아준다.

제3장 전통자수품 만들기　　**바늘꽂이** a pincushion

바늘꽂이_도판2-27

step.13
/
바늘을 밑에서 위로,
바늘꽂이(바늘방석)의
꼭짓점을 통과시키고 실을
당겨 매듭지으면
도판 2-29와 같은
모습이 된다.

바늘꽂이_도판2-28

바늘꽂이_도판2-29

step.14
/
같은 방법으로
5개의 꼭짓점을 모두
마무리하여
도판판과 같이 완성한다.

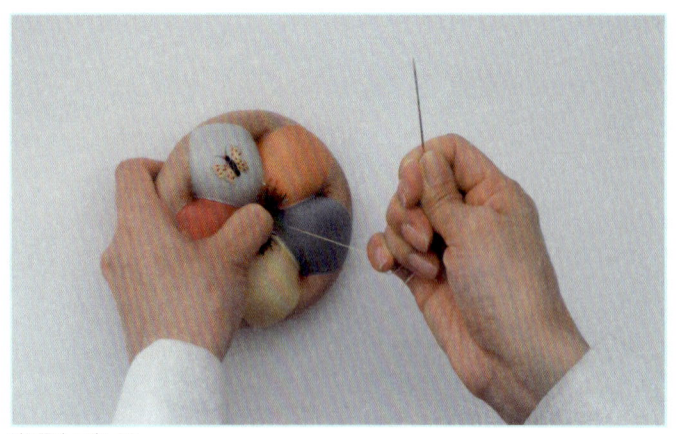

바늘꽂이_도판2-30

step.15
/
마지막으로 미리
만들어 놓은 명주 꽃술을
달아주면 완성이다.
(아래 명주꽃술 만들기 참조)

명주꽃술 만들기

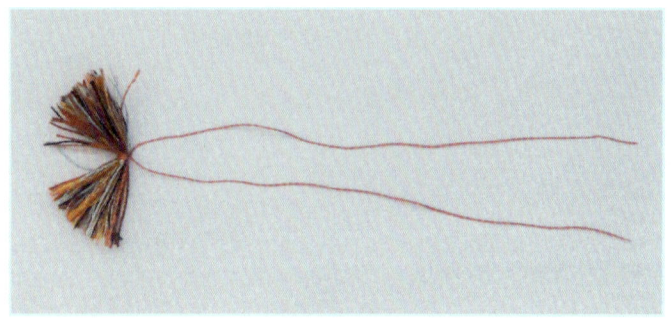

바늘꽂이_도판2-31

step.01
/
명주실을
정해놓은 술 길이만큼
도판과 같이 6~7가닥을
손가락에 돌려서 뺀다.

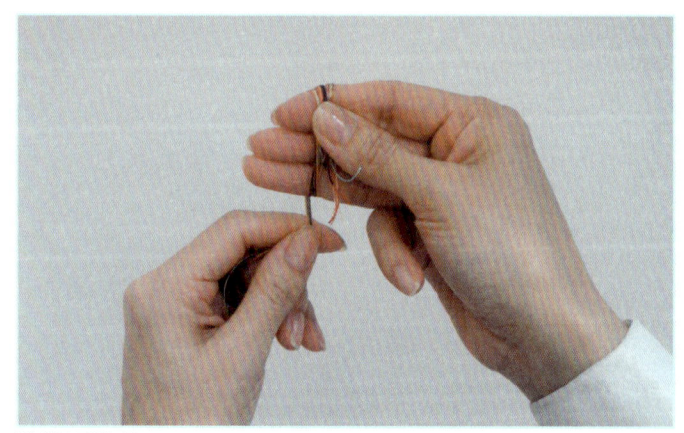

바늘꽂이_도판2-32

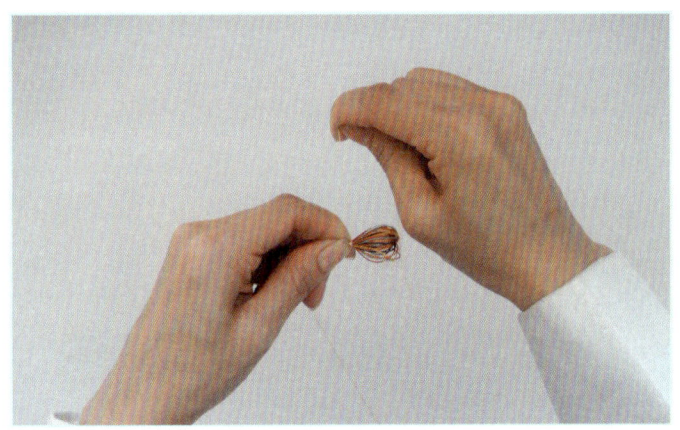

바늘꽂이_도판2-33

step.02

/

가운데 부분을
실로 묶는다.

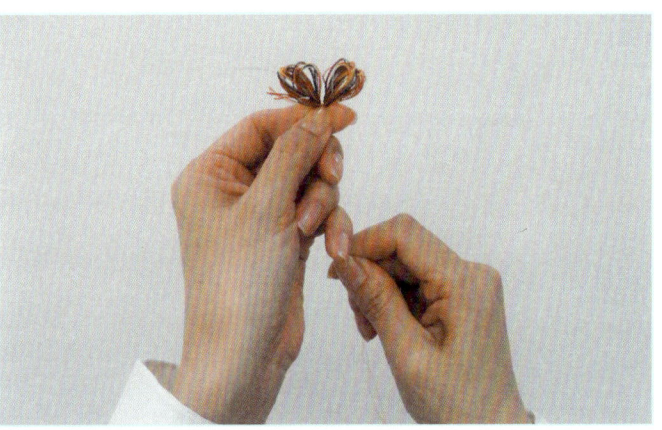

바늘꽂이_도판2-34

step.03

/

가위로
양쪽 실의 가운데를
잘라주면 완성된다.

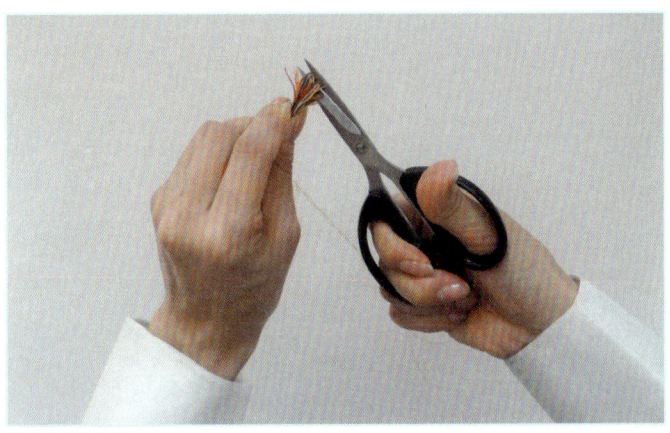

바늘꽂이_도판2-35

바늘꽂이
조각천 배치도

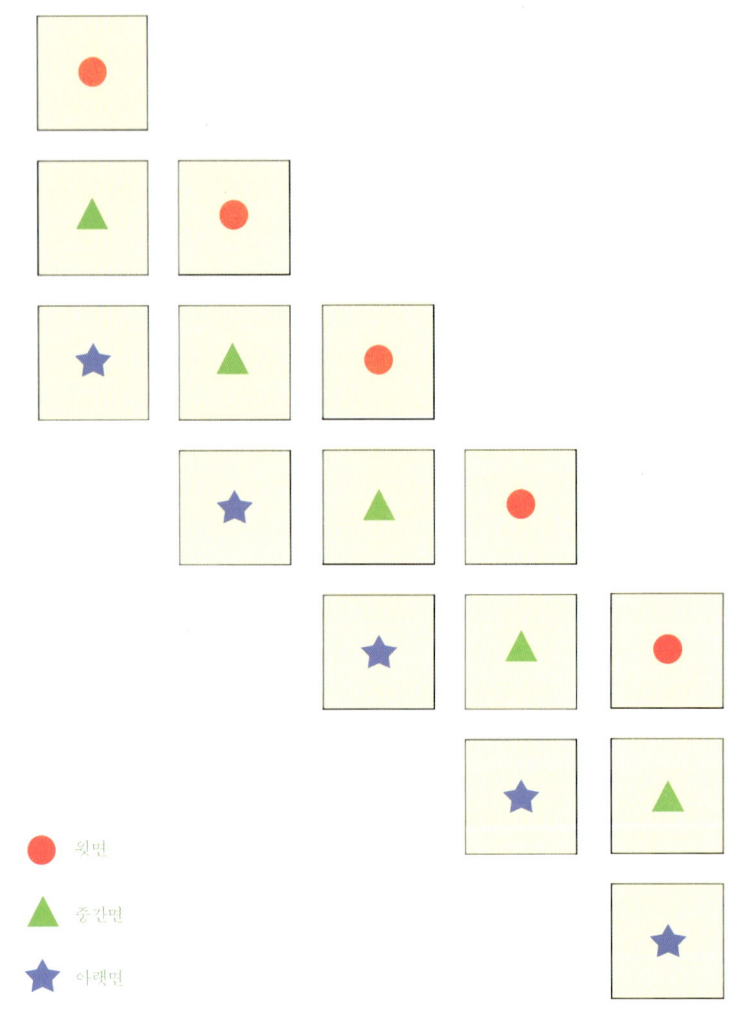

바늘꽂이 a pincushion

치수

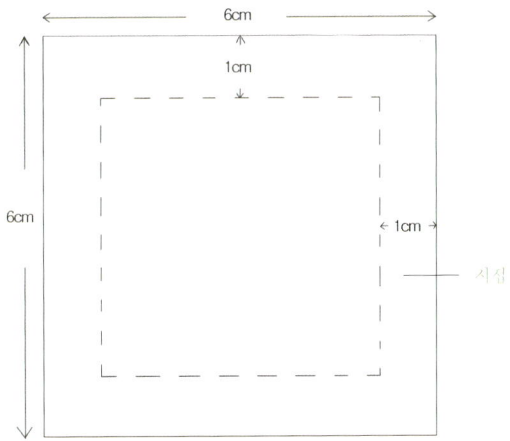

꽃술 만들기

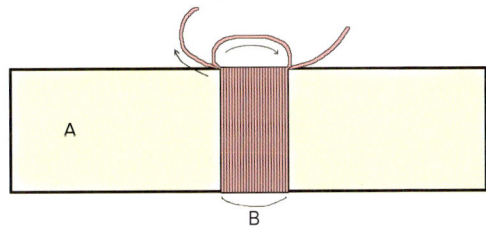

A를 빼낸 다음 B를 잡고 잘라서 술을 만든다.

전통자수품
만들기
3.

귀주머니
옛주머니

옛 주머니(귀주머니)

주머니는 과거 일상에서 지갑 대신 소지품을 넣기 위한 용도로 쓰였으며 실용성과 장식성이 매우 강하다. 오색의 각가지 끈이나 매듭으로 주머니를 장식하고 용도에 따라서 허리띠에 차고 다니거나 집안에 보관해 두기도 하였다. 그 종류로는 염낭이나 두루주머니, 귀주머니, 진주낭, 오방주머니, 향주머니, 약주머니, 수저주머니, 버선본주머니, 필낭 등 매우 다양하다.

일상생활 속에서 지니고 다녔던 주머니는 두루주머니와 귀주머니인데, 특히 두루주머니는 주름의 개수에 따라서 궁중에서 사용하는지 민가에서 사용하는지를 알 수 있었다. 주름의 개수가 3, 5, 7, 9, 11 홀수로 이루어져 있는 것이 특징이다.

여러 가지 용도에 맞추어서 향, 약, 수저, 붓, 필기도구 등을 주머니에 넣었다. 특히 진주낭은 궁중에서만 사용한 주머니로 홍색 비단과 금사에 진주를 꿰고 수를 놓아 매우 화려하게 장식하여 만들었다. 음양오행을 나타내는 오방주머니는 비단에 장생 문양을 제각기 오방색으로 수를 놓고 방위에 맞추어 바느질로 제작하여 오복을 기원하기도 하였다.

주머니의 색상으로는 붉은색, 자주색, 청색, 옥색, 백색 등이 있다. 가장 많은 붉은 주머니는 조선시대 기록에 의하면 음력 정월 첫 돼지날에는 해낭(亥囊)을, 첫 쥐날에는 자낭(子囊)을 만들어 그 속에 볶은 콩 세 알을 넣어 왕이 신하에게 하사하였다고 한다.

세헤에 붉은 주머니를 몸에 지니는 것은 일 년 내내 만복이 깃들기를 염원하고 잡귀를 물리친다고 믿었기 때문이다. 평생 붉은 주머니 3개를 지니면 모든 액을 물리친다는 주술적인 의미로도 사용되었다. 수 문양으로는 주로 십장생, 연꽃, 모란꽃, 길상, 수복, 부귀, 다남, 수복강녕, 문자 등을 이용했다.

이와 같이 주머니는 우리의 과거 일상생활에서 빼놓을 수 없는 하나의 필수품으로 각가지 문양을 아름답고 화려한 색상으로 장식하고 수를 놓아 다른 장신구들과 함께 패용하거나 장식용으로 사용하기도 하였다. 또한 만복을 기원하고 염원하는 우리 조상들의 옛 정서가 깃들어 있음을 살펴볼 수 있다.

만드는 방법

준비물

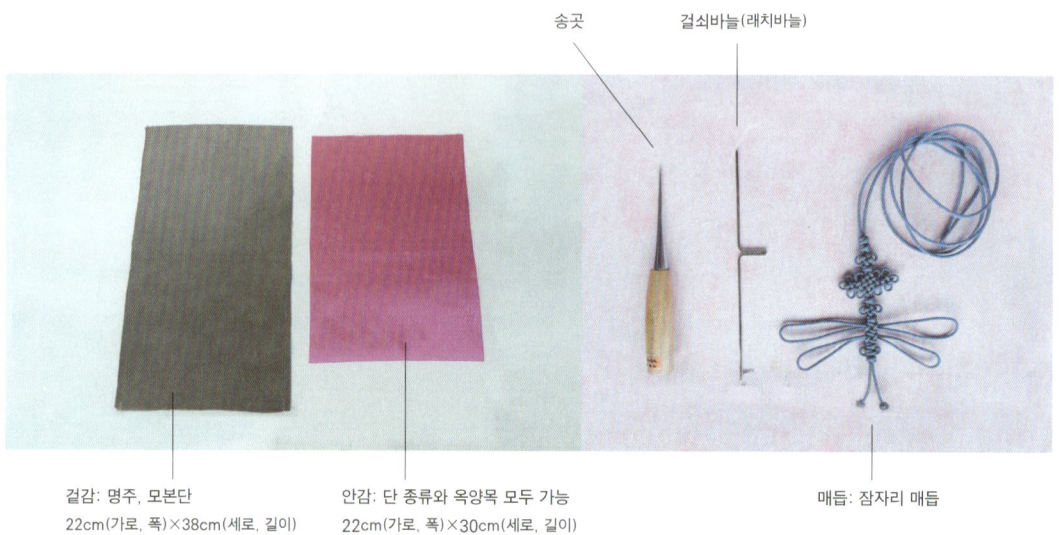

겉감: 명주, 모본단
22cm(가로, 폭)×38cm(세로, 길이)

안감: 단 종류와 옥양목 모두 가능
22cm(가로, 폭)×30cm(세로, 길이)

송곳

걸쇠바늘(래치바늘)

매듭: 잠자리 매듭

수놓기_ 귀주머니 앞면(꽃문양)

귀주머니 앞면(꽃문양) 수놓기

귀주머니_도판3-1

1. 목단 안쪽 꽃잎 수놓기

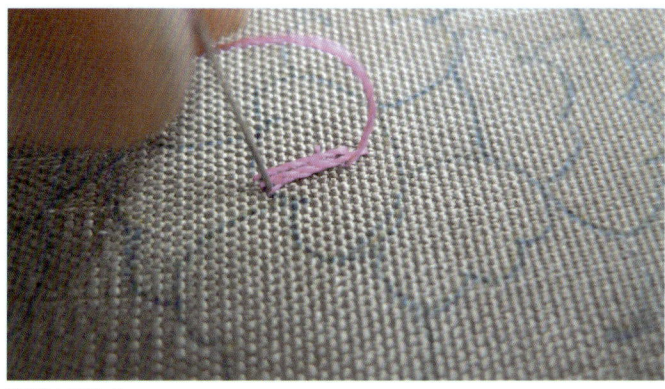
귀주머니_도판3-2

step.01

목단 꽃잎을 파악하고 색상을 선택한다. 목단 꽃잎은 자련수로 꽃잎의 중심에서 시작하여 좌우로 놓아 간다. 한 땀씩 길고 짧게를 반복하면서 불규칙하게 놓고, 꽃잎의 모양은 입체감을 잘 살린다.

step.02

목단꽃은 핑크색 꽃잎이 여러 개 겹쳐있는 꽃이므로 꽃잎을 잘 표현해야 한다. 주의할 점은 도판과 같이 꽃잎과 꽃잎 사이가 거의 틈이 보이지 않게 서로 맞닿도록 수를 놓아야 한다.

귀주머니_도판3-3

2. 목단 바깥 꽃잎 수놓기

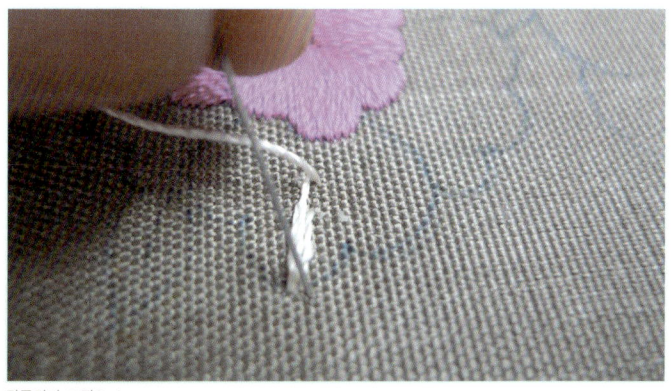
귀주머니_도판3-4

step.03

바깥 꽃잎은 겹수로 하고, 안쪽 꽃잎은 홑수로 놓는다.

귀주머니_도판3-5

step.04
/
꽃잎의 면은 자련수로
채워 나간다.

3. 줄기와 나뭇잎 잎맥 수놓기

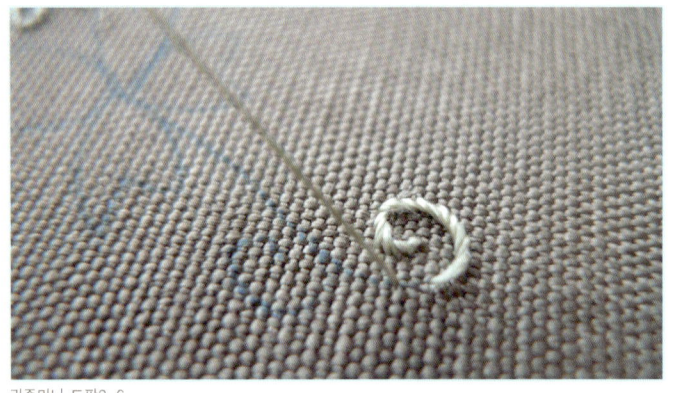

귀주머니_도판3-6

step.05
/
줄기는
이음수로 가늘게
굵기를 조절하여
표현한다.

step.06
/
나뭇잎은 가름수 기법으로
사선평수를 놓는다.
잎맥은 한 번에 한 선으로
표현하고 길이가 길면
이음수로 표현한다.

귀주머니_도판3-7

4. 나무와 바위 수놓기

귀주머니_도판3-8
나무 바위

step.07

나무는 사선평수로 놓고, 바위는 두 가지 색을 조합해서 자련수로 표현한다.

귀주머니_도판3-9

귀주머니_도판3-10

step.08

바위 외곽선은 금사징금수로 표현하고, 징그는 실은 붉은색 계열의 세사(細絲) 명주실로 가볍게 금사를 당겨주면서 징거준다.

귀주머니_도판3-11

step.09
/
바위는 도판과 같이
징금수로 완성한다.

5. 꽃잎 외곽선과 꽃씨 수놓기

귀주머니_도판3-12

step.10
/
꽃씨를 표현하는 부분은
매듭수를 놓기 전에 먼저
연두색 평수로
면을 채운다.

step.11
/
꽃잎의 모든 면과
꽃씨 놓을 부분까지 수를
마쳤으면 꽃잎과 꽃잎
사이를 이음수로
수 놓는다.

귀주머니_도판3-13

귀주머니_도판3-14

step.12
/
이음수기법으로
꽃잎을 완성한다.

귀주머니_도판3-15

step.13 / 매듭수기법으로 꽃의 중심에 꽃씨를 표현한다.

귀주머니 뒷면 수놓기

귀주머니_도판3-16

귀주머니 뒷면의 글씨문양 복(福)자는 간결하게 나타내고, 꽃과 글씨문양의 색은 서로 조화가 이루어지도록 색상을 고려하여 선택한다.

기법

글씨: 사선평수

꽃잎: 자련수, 꽃씨: 선수와 매듭수

실의 종류; 명주실, 꼰사, 반꼰사, 푼사 모두 사용가능 함.

1. 글씨문양 '복(福)'자 수놓기

귀주머니_도판3-17

step.01

/

60° 사선평수로
획이 서로 겹치지 않도록
놓는 것이 중요하다.

귀주머니_도판3-18

step.02
/
사선평수의 특징을
잘 살려서 글씨 전체가
평행을 유지하도록
빈틈없이 수를 놓는다.

step.03
/
완성된 복[福]자

귀주머니_도판3-19

2. 꽃잎 수놓기

귀주머니_도판3-20

step.01
/
꽃잎 문양은 자련수로 하고,
1차색은 흰색, 2차색은
보라색 계열로 표현한다.

step.02

/

꽃씨는 붉은색
매듭수로 표현한다.

귀주머니_도판3-21   귀주머니_도판3-22

step.03

/

완성된 귀주머니 뒷면

귀주머니_도판3-23

귀주머니 만들기

미리 완성해 놓은 목단 문양의 바탕천(겉감) 1장과 안감 1장을 준비해서 박음질, 반박음질, 공 그르기 등의 바느질로 주머니를 만들고 아름다운 잠자리 매듭을 달아 장식미를 갖추어 완성해 보자.

귀주머니_도판3-24

step.01

/

수놓은
바탕천 겉감 1장과
안감 1장을
준비한다.

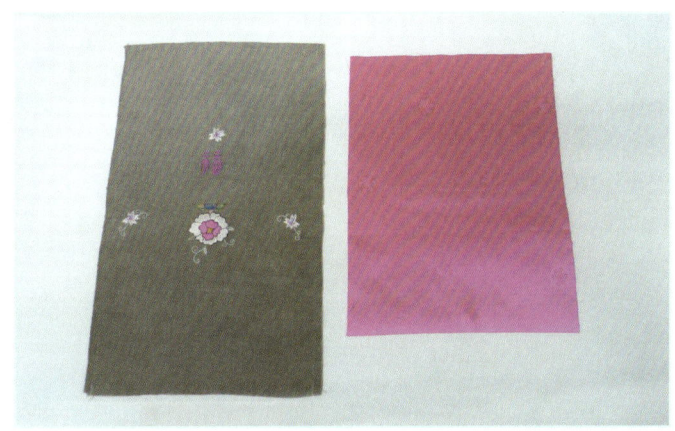

귀주머니_도판3-25

2겹 바느질하고 다림질하기

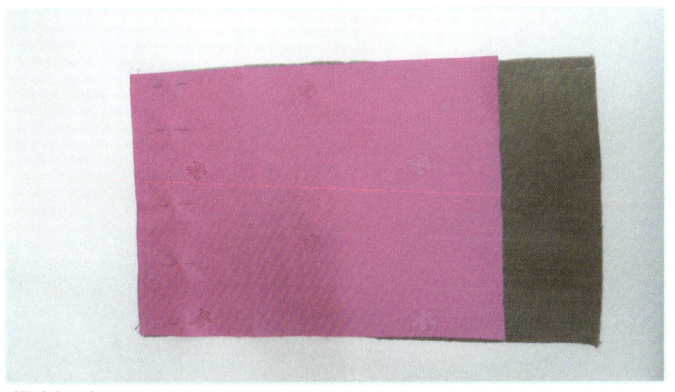

귀주머니_도판3-26

step.02

/

도판과 같이
겉감과 안감의 앞면이
서로 마주보게 두 개의 천을
서로 맞대고 시침핀으로
고정해 놓는다.

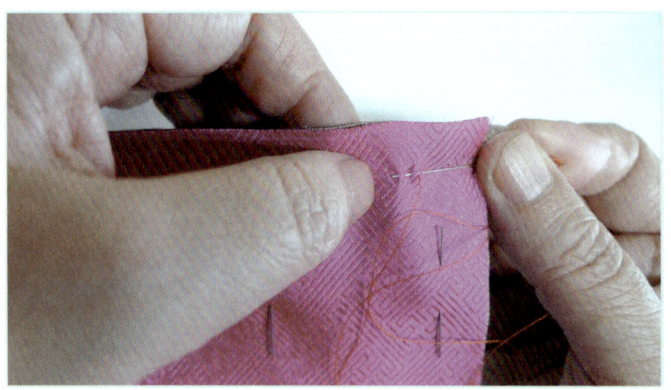

귀주머니_도판3-27

step.03

시접은 1cm 간격으로
선을 긋고 그 선을 따라
그대로 반박음질하여
두 개의 천을 잇는다.

step.04

겉감과 안감이 이어진 부분의
가름솔을 다림질하여 안감은
안감끼리 겉감은 겉감끼리
마주 보게 2개의 천을 반으로
접어서 4겹으로 만들어
시침질이나 시침핀으로
고정한다.

귀주머니_도판3-28

가름솔

4겹 바느질하고 다림질하기

귀주머니_도판3-29

step.05

4겹을 시접을 꺾어서
다림질 해 놓는다.

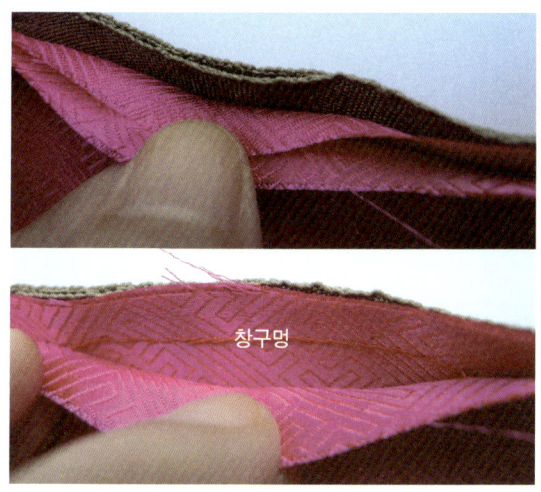

귀주머니_도판3-30

step.06
/
접어놓은 4겹을 안감 옆구리에
5cm의 창구멍만 남기고
모두 박음질한다.
창구멍 부분의 바느질 시 주의할 점은
안감 1겹에만 5cm를 남기고
나머지 3겹(겉감 2겹, 안감 1겹)에는
박음질해야 한다.

step.07
/
5cm의 창구멍으로
3겹을 뒤집어 빼낸다.

귀주머니_도판3-31

귀주머니_도판3-32

step.08
/
창구멍은
안쪽으로 꺾어서
다림질하고, 벌어진 5cm는
공그리기로 막는다.

주름잡고 매듭으로 완성하기

귀주머니_도판3-33

step.09

/

도판과 같이
바느질이 완성된
귀주머니에
주름 위치를 정한다.

step.10

/

앞, 뒤의 모습이
도판 34, 35와 같도록
귀주머니에 주름을 접는다.

귀주머니_도판3-34

귀주머니_도판3-35   귀주머니_도판3-36

step.11

/

주름 잡은 입구를
시침하여 고정해 놓고
매듭을 장식하기 위해
구멍 뚫을 위치를 살짝
표시해 둔다.

제3장 전통자수품 만들기　　　**귀주머니** pocket

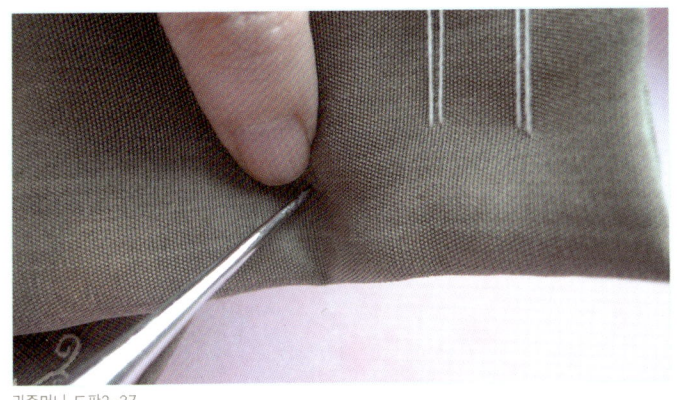

귀주머니_도판3-37

step.12
/
표시해 놓은 곳에
송곳으로 매듭이 들어갈
구멍을 뚫는다. 송곳을
여러 번 사용하는 것은
금물이다. 정확한 지점을
표시하고 실수 없이
한 번에 뚫어야
천이 상하지 않는다.

step.13
/
뚫은 구멍에
걸쇠바늘
(래치바늘, latch needle)
을 넣어 매듭을
반대편으로 빼낸다.

귀주머니_도판3-38

귀주머니_도판3-39

step.14
/
완성된 귀주머니

귀주머니 실기 도면

치수

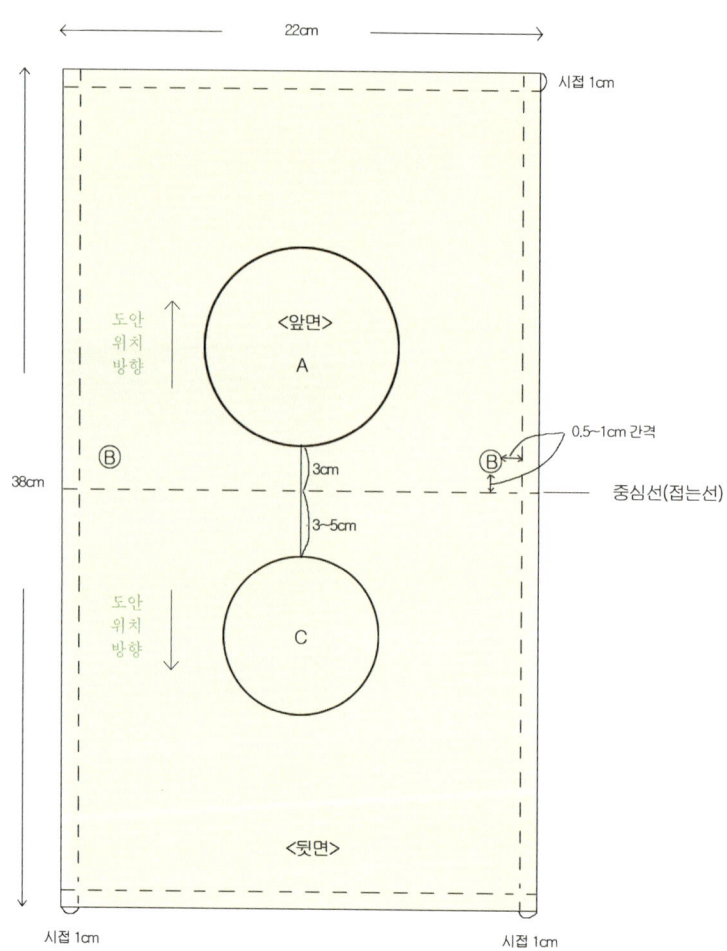

A면 - 앞면 주제도안이 된다.
B면 - 앞면 양쪽에 위치하고 대칭하는 도안으로 시접에서 0.5cm~1cm 간격을 둔다.
C면 - C면은 A면과 도안을 반대방향으로 배치한다.

제3장 전통자수품 만들기 　　귀주머니 pocket

접는 순서

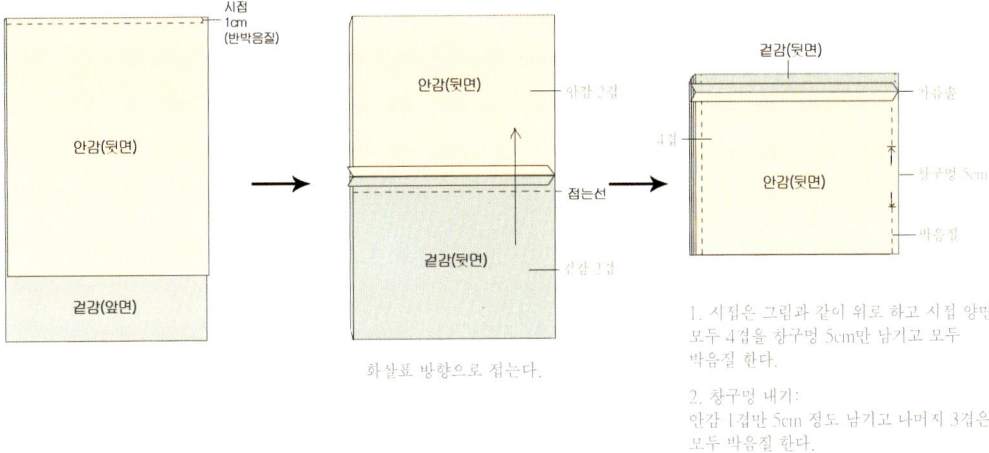

1. 시접은 그림과 같이 위로 하고 시접 양면 모두 4겹을 창구멍 5cm만 남기고 모두 박음질 한다.

2. 창구멍 내기:
안감 1겹만 5cm 정도 남기고 나머지 3겹은 모두 박음질 한다.

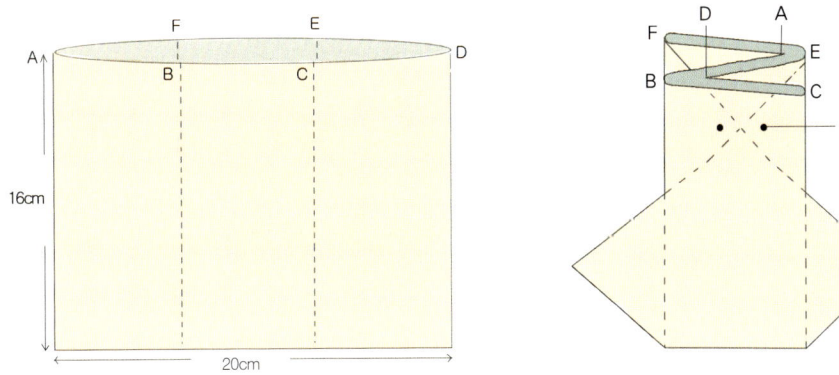

주의:
대각선으로 겹치는 지점을 피해서 위치를 표시하고 송곳으로 뚫는다.

전통자수품
만들기

4.

수
보자기

옛 생활 당시에 보자기는 다목적 기능을 가진 필수품이었다. 보자기를 크게 분류하면 궁보와 민보가 있다. 궁에서 사용하는 궁보(宮褓)는 환경의 특수성으로 격식과 의례용으로 많이 쓰였고, 일반적인 민보는 용도별로 필요에 따라 서민생활에 맞게 만들어 사용하였다.

민보의 종류는 일반적으로 많이 쓰이는 상용보(常用褓), 혼례 때 쓰이는 혼례용보, 예절과 격식에 쓰이는 의례용보, 종교적인 도구나 경전들을 싸서 소중하게 보관하는 종교적 의식용 보 등이 있다. 그중에서도 수보자기는 궁보나 민보로 함께 사용하였다. 보자기는 조선 후기 유물들에서 많이 엿 볼 수 있듯이 여러 가지 양식으로 표현되기도 하고 수를 놓거나 끈을 달아 장식하기도 했다.

일반보자기가 실생활에서의 실용적인 면과 미적인 아름다움의 두 가지 면을 갖고 있다면, 수보자기는 이에 더하여 정성스레 수를 놓으면서 행복과 안락을 염원하는 복락기원(福樂祈願)의 의미와 각종 문양을 자수(刺繡)로 표현하여 상대가 귀함을 마음으로 전달하는 상징적인 면도 내포되어 있다. 이처럼 수보자기는 다양한 색과 문양을 자수로 정성껏 표현하여 무엇을 염원하거나 마음을 전달하는 등 세 가지 면을 동시에 갖고 있으면서 아름다움의 극치를 이룬다 하겠다.

수보자기_도판4-1
허동화/이렇게 예쁜 보자기

보자기의 실용적인 면

일반보자기는 물건을 싸서 보관하거나 덮고, 운반할 때 물건을 보호하는 등 주로 일상생활에서 많이 쓰였다면, 수보자기는 매우 특별하고 중요한 용도에 많이 쓰였다. 수를 놓은 수보자기는 혼례나 예식에 필요한 돈 보자기, 사주보, 혼서지보, 밥상보 등 그 종류나 크기가 매우 다양하다 .

미적인 면

옛 유물을 살펴보면 특히 조각보는 미적인 부분에서는 단연 으뜸이다. 수보자기는 일정한 색상과 옷감이 아닌 일상에서 얻어지는 자투리 재료를 재활용하였다. 때로는 제작자의 개성이 반영되어 의도되지 않은 자유로운 색의 조합이 되거나, 때로는 많은 시간과 노력을 투자해 숙련된 기술로 작업을 구상하고 완성하는 전문성이 엿보이기도 한다. 수놓을 바탕천의 색상과 문양을 고려하면서 대칭과 비대칭, 추상적인 색의 조합으로 매우 감각적인 수를 놓는다면 더욱더 환상적이다. 수보자기의 끈도 기능성이 크지만, 도판4-4와 같이 사각 끝에 달린 끈은 바탕천의 색, 자수의 화려함과 어우러져 전체적인 조형미를 이루는데 감탄하지 않을 수 없다.

상징적인 면

수보자기는 일반보자기의 실용적인 면도 있지만, 정성을 다해 수를 놓을 때 행복과 안락을 염원하는 복락기원(福樂祈願)의 뜻도 있고, 상대방을 더 없이 귀히 여김을 마음으로 표현하여 전달하는 상징적 의미도 내포되어 있다. 갖가지 문양을 표현하고 색으로 음양오행의 뜻을 담아내는 기복적인 측면도 있다.

    수보자기에 표현된 것은 화문(花文), 나비, 수(壽), 복(福), 박쥐문, 새, 봉황(鳳凰)문 등 추상적인 문양을 자수(刺繡)로 표현하고 있다.

보자기 종류

궁보

1. 겹보/ 겉감 안감으로 겹보자기
2. 홑보/ 한 겹 보자기
3. 누비보/ 솜을 넣어서 일정한 간격으로 누빈 보자기
4. 솜보/ 싸는 물건을 보호하기 위해 솜을 넣어서 만든 보자기
5. 식지보(食紙褓)/ 음식을 덮을 때 쓰는 보자기. 음식이 천에 묻지 않도록 안쪽(안감)에 기름종이를 대어 위생적으로 꾸몄다.
6. 당채보/ 당채(唐彩) 그림으로 장식한 보자기.

이 밖에도 여러 가지가 있다.

민보

상용보

밥상보, 이불보, 버선본보, 덮개보, 책보, 반짇그릇보, 전대보(문서나 물건을 전할 때 사용) 등이 있다.

혼례용보

1. 기러기보/ 혼례 때 기러기를 싸는 보자기
2. 사주보/ 사주단자를 싸는 보자기
3. 예단보/ 예단을 싸는 보자기
4. 연길보/ 정혼의 표시로 신부 집에서 신랑감에게 혼인 날짜를 받은 문서종이를 싸는 보자기
5. 폐백보/ 폐백 음식을 싸는 보자기
6. 노리개보/ 각가지 패물과 노리개들을 싸는 보자기
7. 금박보/ 금분으로 각종 문양을 찍어서 만든 보자기

종교 및 의례용보

1. 경전보/ 불교경전을 덮거나 싸는 보자기
2. 마지보/ 부처님 앞에 차리는 밥이나 쌀을 덮을 때 사용한 보자기
3. 기우제보/ 기우제 때 제단 앞에 정성스럽게 펼치는 보자기
4. 영정보/ 관 위에 덮는 보자기

조각보

비단과 옷감이 귀하던 시절에 서민들은 양반들의 옷을 지어주다 남은 다양한 천 조각들을 모아 이어 만들었다. 조선 후기의 조각보 유물이 가장 많이 남아 있다.

수보자기

수보자기는 궁의 수방나인들이 궁에서 일어나는 관혼상제나 행사 등 격식을 갖추어서 쓰임의 성격이나 환경에 맞게 정성스럽게 수보자기를 제작하였다. 천이 귀하던 시절 서민들은 양반들의 옷을 지어주다 남은 천 조각을 모아 잇고 수를 놓아 오색의 문양과 이미지를 상징적으로 표현하기도 하였다. 수보자기는 온갖 정성을 들여 각기 용도에 맞게 만들어서 사용했는데, 점차 조선 후기로 들어서면서 그 쓰임새도 많아져 이때의 조각보 유물이 가장 많이 남아 있게 되었다.

만드는 방법

준비물

명주 조각 천 9개
앞감, 9x9cm

바늘　자　가위

명주천:
뒷감, 51x51cm

견사실　헤라

수놓기 (국화꽃 문양)

수보자기_도판4-3

step.01
/
국화문양 도안을 이해하고,
꽃 중심 원형은
연두색실 평수, 꽃잎은
사선평수로 놓는다.

step.02
/
다른 꽃잎도
색상을 달리하여
같은 기법으로
수를 놓는다.

수보자기_도판4-4

수보자기_도판4-5

step.03
/
꽃 몽우리는
노란색 사선평수로 놓고,
꽃받침과 줄기는
초록색 실로 수를 놓되
꽃받침은 직선평수,
줄기는 이음수로 놓는다.

수보자기 wrapping cloth

수보자기_도판4-6

step.04

꽃 중심의
연두색 평수 위에 노란색
씨앗수(매듭수)를 놓는다

수보자기_도판4-7

step.05

도판과 같이
꽃을 모두 완성한다.

수보자기_도판4-8

step.06

천 조각 하나에
수를 완성하고 나머지
4장도 모두 같게
완성한다.

수보자기_도판4-9

step.07
/
한 가운데에 놓일 천 조각이다. 나비 몸통은 연두색실, 날개는 보라색 실 사선평수로 놓는다.

step.08
/
나비 날개의 사선평수 위에 도판과 같이 씨앗수를 한 개씩 놓아 나비 문양을 완성한다.

수보자기_도판4-10

수 마무리하기

뒷면의 수실은 가위로 잘라 정리한다. 수가 놓인 면에만 문방 풀을 바르고 수틀의 먼지를 털어낸 다음 바람이 통하는 반그늘에서 말린 후 수틀에서 떼어낸다.

(수놓기 기초와 마무리하기 참조)

수보자기_도판4-11

만들기

수보자기_도판4-12

step.01
/
수가 놓인
각 천 조각의 시접을
사방 1cm씩 접는다.

수보자기_노판4-13

step.02
/
접은 천 9장을
그림과 같이 배열한다.

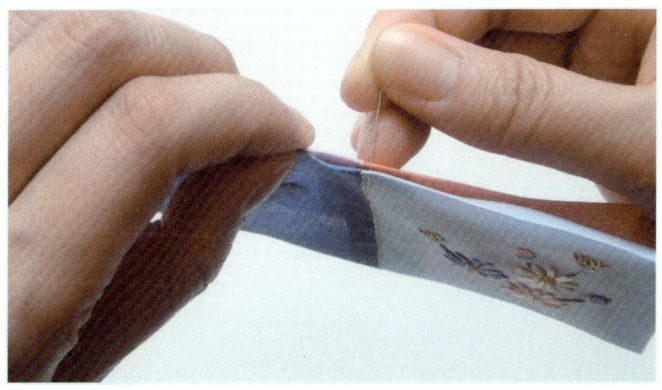

수보자기_도판4-14

step.03
/
천의 모서리를
시침핀으로 고정시킨다.

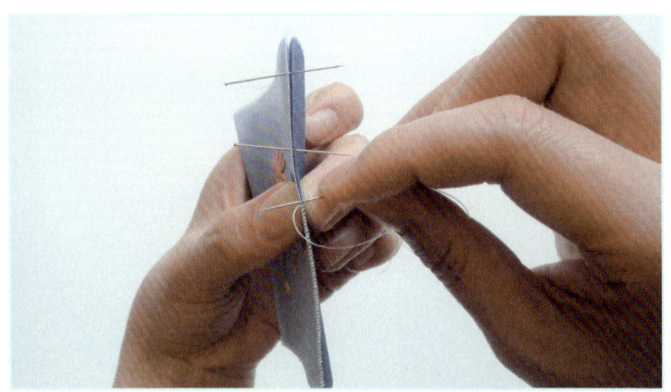

수보자기_도판4-15

step.04

/

천 조각들을
직각 감침질로 잇는다.
바늘과 천이 직각이 되도록
바늘을 넣어야
바느질 선이 사선으로
나온다.

step.05

/

보자기 뒷감의 크기는
51x51cm이다. 사방
가장자리에 1cm의
시접을 접고 시침핀으로
고정해 둔다.

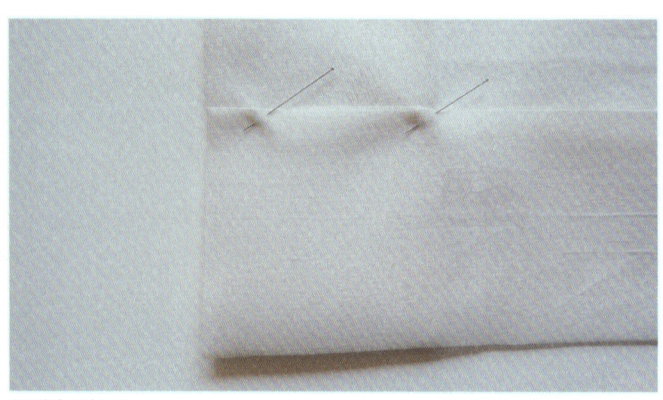

수보자기_도판4-16

수보자기_도판4-17

step.06

/

도판과 같이
앞감 위로 뒷감을 접어 넘겨
자리를 잡고 시침해 놓는다.

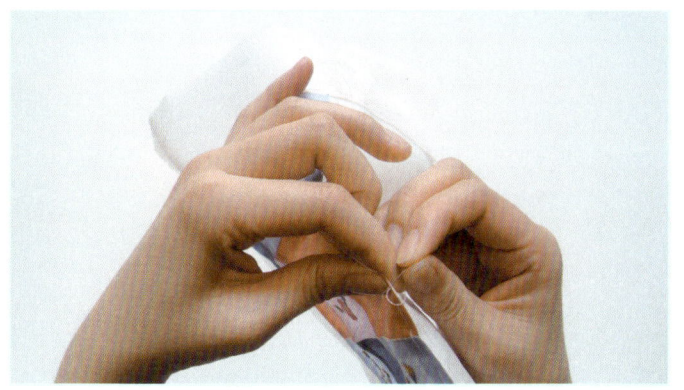
수보자기_도판4-18

step.07
/
조각보 앞감과 뒷감이 맞닿은 가장자리 부분을 직각 감침질로 이어준다.

step.08
/
뒷감과 앞감의 ㄱ자의 모서리 부분은 숨어 뜨기로 바느질하고, 도판과 같이 삼 땀 상침질로 마무리해서 수보자기를 완성한다.

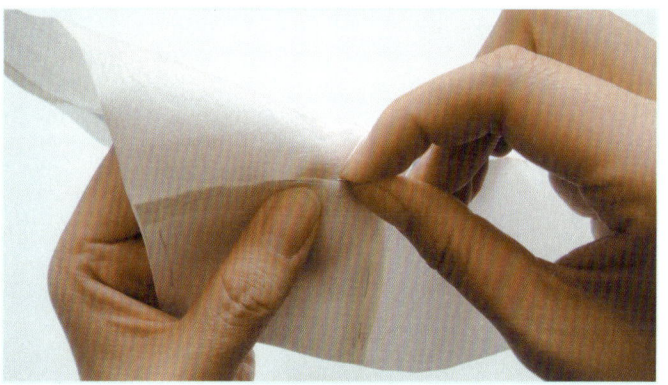
수보자기_도판4-19

수보자기_도판4-20

step.09
/
완성된 수보자기

chapter
4

제4장

현대생활에 자수 활용하기

1.
머리끈

2.
양면거울

3.
브로치

4.
러너와
테이블 세트

현대생활은 옛날 과거의 생활에 비해 의식주에 많은 변화를 가져왔다. 산업과 기술이 발달하고 정보를 전달하는 매체 또한 다양화, 첨단화되어 이를 통한 문화의 대중화 범위는 무한대로 확대되고 있으며 더하여 세계화의 길도 가속화되고 있다.

이와 같은 환경 속에서 현대인의 생활양식은 점점 자신만의 다양한 개성과 특성을 부각하는 소비 형태로 바뀌어 가고 있는 추세이다. 따라서 나만의 개성을 표출하면서도 실생활에 쓰임이 많은 공예가 이들에게 더욱더 필요한 시점이라 할 수 있다.

한국 고유의 특성과 이미지를 살리면서 일상생활에서 활용가치가 있는 생활용품이나 장신구, 복식 및 문화상품 등 자수를 응용하여 만들 수 있는 소재는 매우 많다. 이러한 다양한 소재들을 꾸준히 개발하여 상품화하고, 한국 고유의 이미지를 전달할 수 있는 전략적인 문화상품을 개발하는 일은 앞으로 우리가 함께 고민해야 할 과제이다.

실과 바늘로 꽃문양 이미지를 넣은 액세서리 머리끈, 브로치, 양면거울, 주방식탁 러너와 야외테이블 세트 등, 창조적이고 구체화된 디자인을 접목해서 우리 문화의 우수성과 멋을 살린 한국적이면서도 친환경적인 전통의 부가가치가 있는 몇몇 작품을 만들어 보자.

현대생활에
자수 활용하기

1.

머리
끈

머리끈
만드는 방법

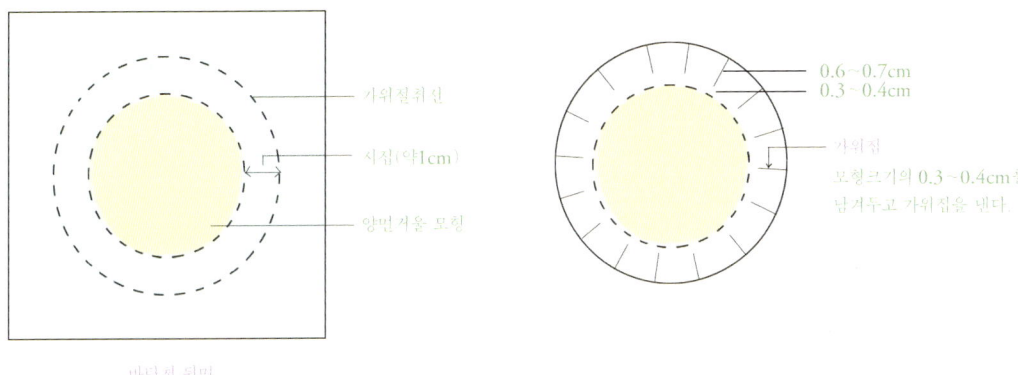

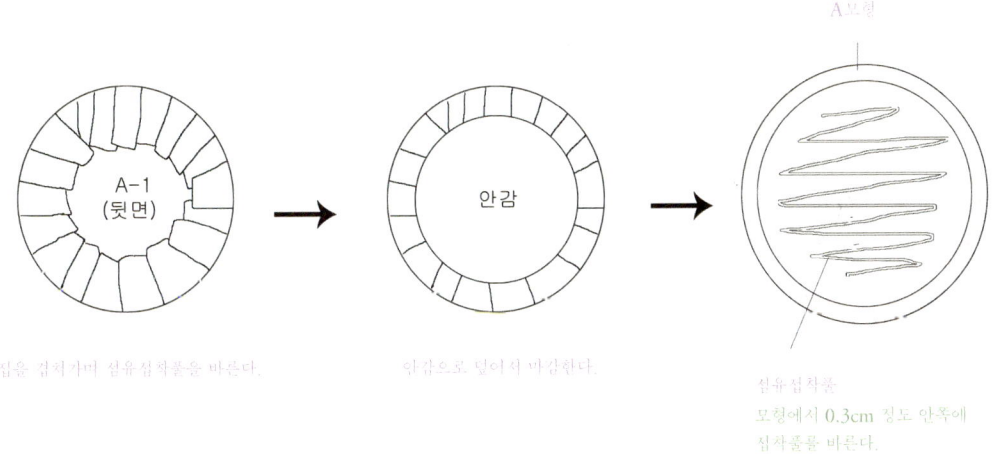

만드는 방법

준비물

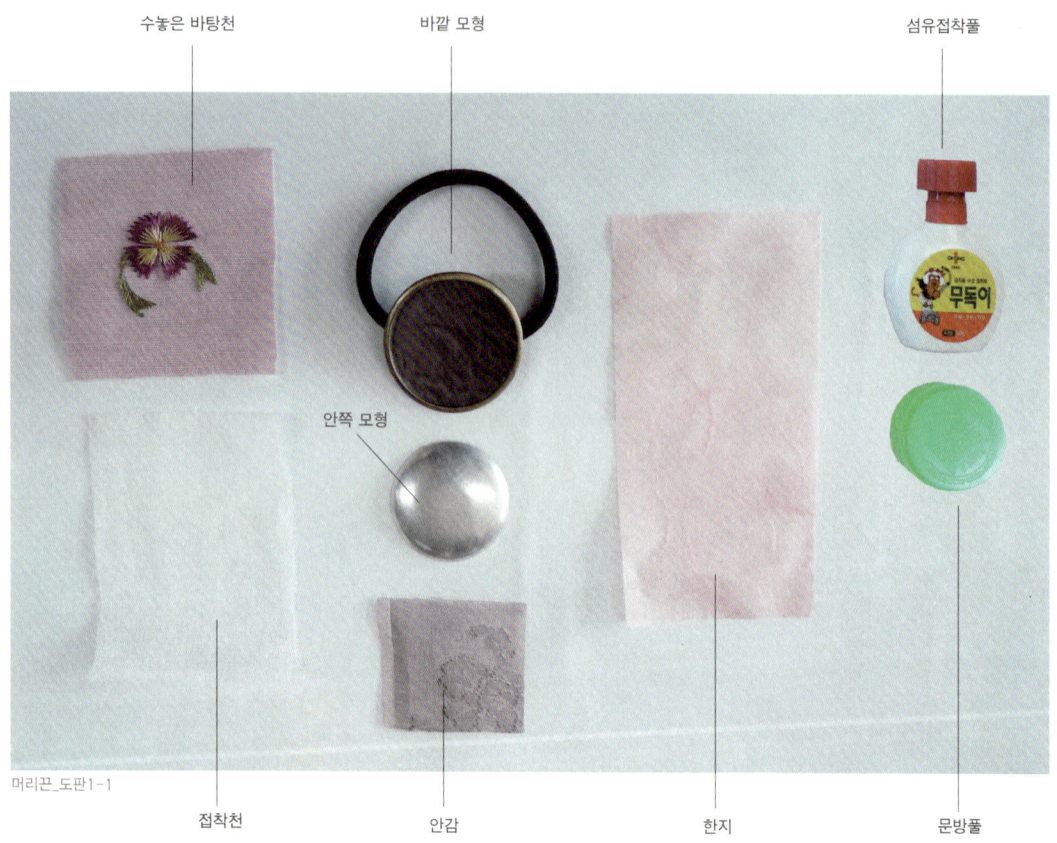

머리끈_도판1-1

수놓기_ 패랭이꽃

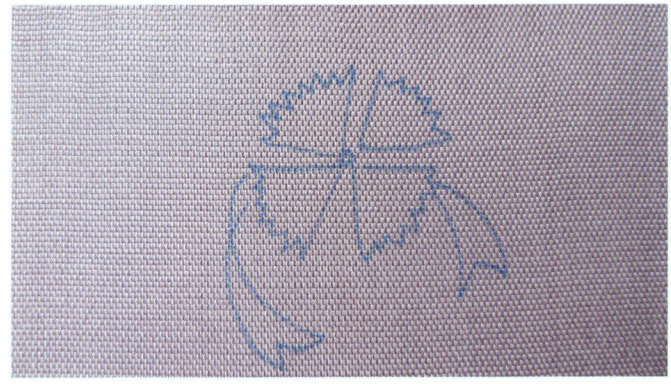

머리끈_도판1-2

step.01
/
바탕천의 패랭이꽃을
이해한다.

머리끈_도판1-3

step.02
/
초록색으로
나뭇잎 모양은 사선평수로
수를 놓고, 패랭이꽃은
자련수를 놓는다.

머리끈_도판1-4

step.03
/
4개의 꽃잎은 패랭이꽃의
특징을 잘 살려 자련수로
섬세하게 표현한다.

머리끈_도판1-5

step.04
/
꽃잎의
안쪽에 연두색 계열로
결(방향)을 살려
자련수를 더해 놓는다.

머리끈_도판1-6

step.05 / 꽃의 중심은 매듭수를 놓아 완성한다.

머리끈 만들기

머리끈_도판1-7

step.01

/

머리끈의 모형과
한지를 준비한다.

step.02

/

머리끈 안쪽 모형을
대고 여유 시접이
1cm 이상 되게 한지를
가위로 자른다.

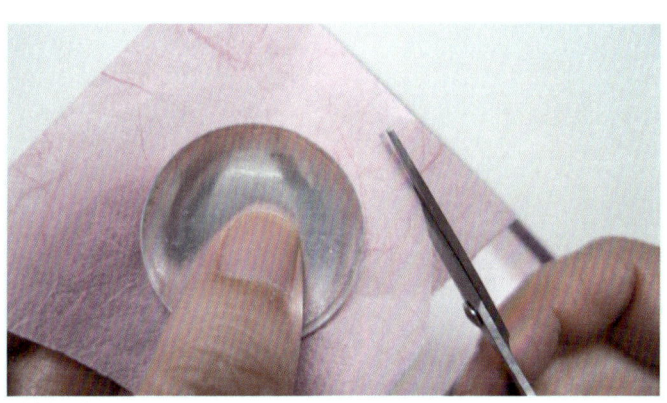

머리끈_도판1-8

머리끈_도판1-9

step.03

/

한지의 시접을 안으로 접고
문방풀로 겹겹이 돌려가며
모형 안쪽에 붙인다.
가운데 부분도
한지를 붙여 마감한다.

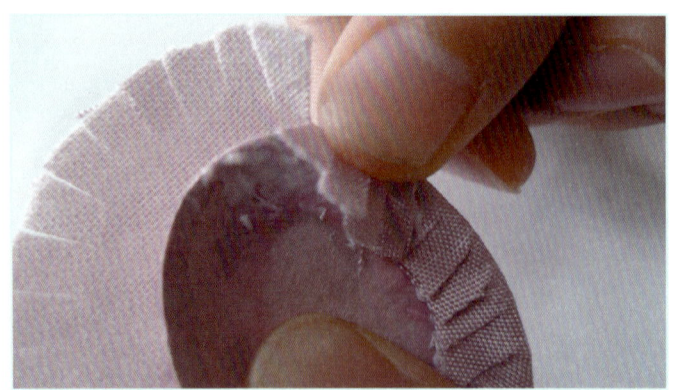

머리끈_도판1-10

step.04

/

수를 중심으로 바탕천도
02, 03과 같은 방법으로
모형에 맞게 가위집을 내고
접착풀로 모형 안쪽으로
접어 넣어 붙인다.
준비된 안감을 중앙에
붙여 마무리한다.

step.05

/

안쪽모형 작업을
모두 마쳤으면 이번에는
바깥모형 안쪽에 섬유접착
풀을 바르고 두 모형을
끼워 맞추면 완성된다.

머리끈_도판1-11

Tip_ 섬유접착풀 바르는 요령
바깥모형에 섬유접착풀을 바를 때는 새어나오는 것을 방지하기 위해 가장자리
0.3cm를 남겨두고 붙이는 것이 좋다.

| 제4장 현대생활에 자수 활용하기 | 머리끈 hair strap |

머리끈_도판1-12

step.06
/
완성된 머리끈

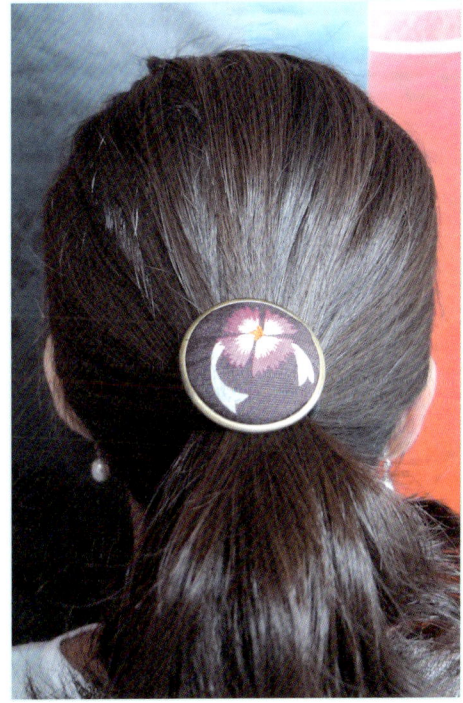

머리끈_도판1-13
완성한 머리끈을 맨 단정한 여인의 뒷 모습.

현대생활에
자수 활용하기

2.

양면 거울

제4장 현대생활에 자수 활용하기 — 양면거울 mirror

오래된 옛날 거울은 대부분 청동, 은, 철 등으로 한쪽 면은 장식하고 다른 한쪽 면은 평면에 광을 내어서 사용하였다. 한국은 청동기시대부터 중국과 다른 형태로 거울이 발달하였던 것으로 추정한다. 통일신라시대 때 것으로 국보 제140호 나전다화금문수경의 나전 공예품이 출토되기도 하였으며 그 후 고려시대에는 중국으로부터 많이 들여와 사용하였다.

유리로 만들어진 거울은 12~13세기경 이탈리아에 보급되기 시작하면서 16~17세기에 유럽 전역에 급속도로 퍼져 대중들이 널리 사용하게 되었다. 우리나라는 조선 중기부터 사용하였다고 한다.

현대 여성들의 필수품인 거울 한 면에 아름다운 꽃문양으로 정성스럽게 자수를 놓아 나만이 간직하는 품위와 개성있는 꽃모양 양면거울을 만들어 보자.

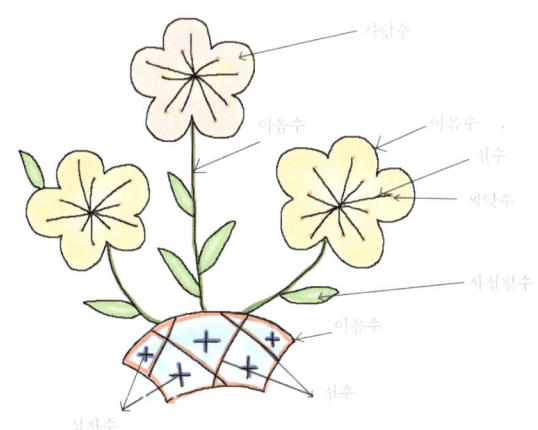

양면거울_도판2-1

202 아름다운 자수 A Beautiful Embroidery

만드는 방법

준비물

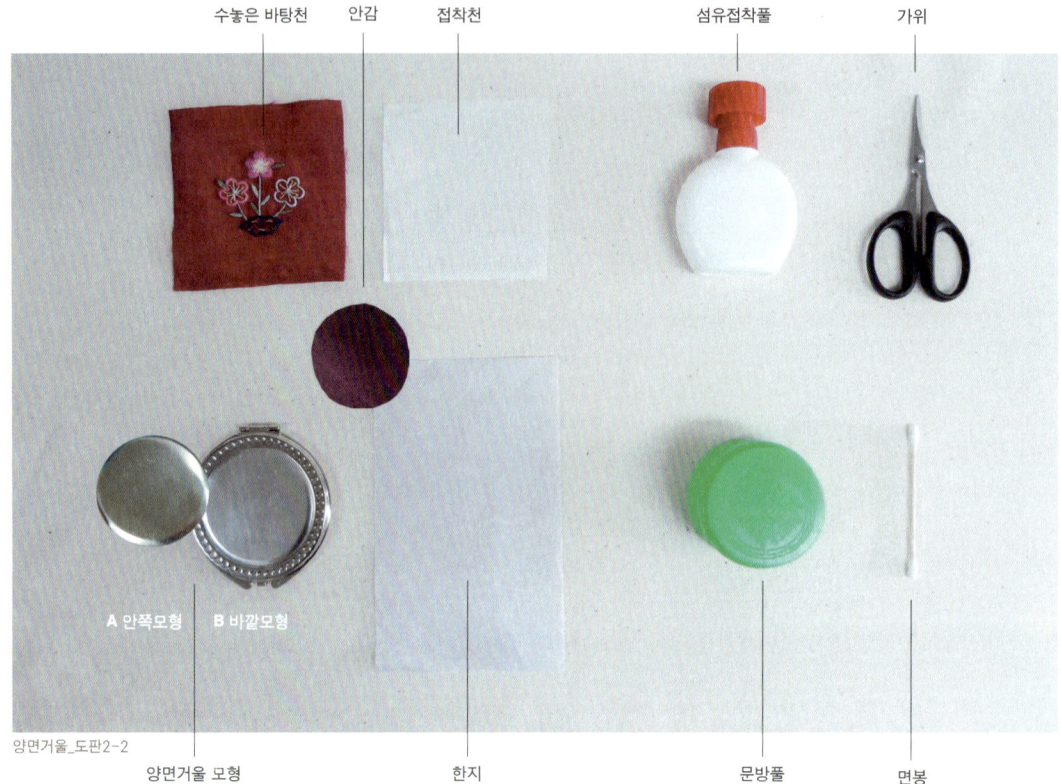

양면거울_도판2-2

수놓기

양면거울_도판2-3

step.01
/
전체적인 도안을
살펴본다.

step.02
/
먼저
시작 점수 2번 놓고
화분 도안에 따라
청색 실로 선수를 놓는다.

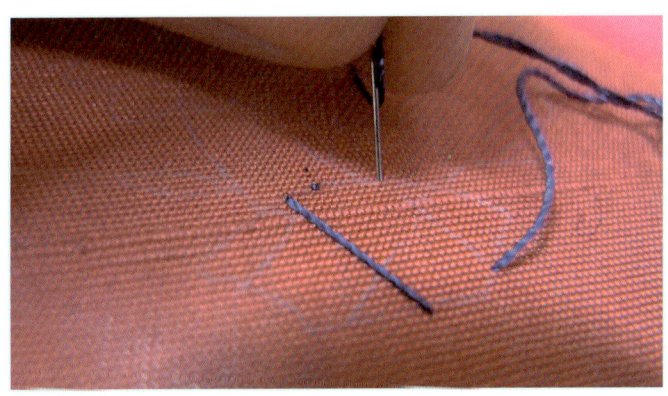

양면거울_도판2-4

양면거울_도판2-5

양면거울_도판2-6

step.03

/

선수의 X자 부분을
핑크색 실로 징근다.

양면거울_도판2-7

step.04

/

꽃줄기는
연한 연두색
이음수를 놓는다

양면거울_도판2-8

양면거울_도판2-9

step.05

/

테두리를
이음수로 놓아
화분을 완성한다

양면거울_도판2-10

step.06

/

두 개의 꽃은
각각 연한 보라색과
중간 핑크색으로
이음수를 놓는다.

양면거울_도판2-11

step.07

/

잎은 초록색 실로
사선평수를 놓는다.

양면거울_도판2-12

step.08
/
양쪽 두 개의 꽃은
선수로 중심을 향하게 꽃술
을 놓는다.

양면거울_도판2-13

step.09
/
그 위에 씨앗수(매듭수)로 꽃
씨를 수놓는다.

양면거울_도판2-14

step.10
/
꽃잎 3개 중
가운데 한 개는
진한 핑크색 자련수를 놓고,
연한 핑크색으로
중심을 향해 수를
놓는다.

양면거울_도판2-15

step.11
/
꽃잎 안쪽 중앙에 연한 핑크 색으로 수를 놓는다.

step.12
/
그 위에 씨앗수(매듭수)로 꽃씨를 수놓는다.

양면거울_도판2-16

양면거울_도판2-17

step.13
/
거울 앞면에 붙일 수가 완성되었다.

양면거울 만들기

양면거울_도판2-18

step.01

양면거울
A안쪽모형을 한지에
올려놓고 샤프로 모형대로
원을 그린다.

step.02

그려진 원 위에
A안쪽모형을 대고 1cm 정도의
시접을 두어 잘라낸 다음,
원 선으로부터 약 3mm 남기고
가장자리에 약 1cm 간격으로
일정하게 가위집을 낸다.

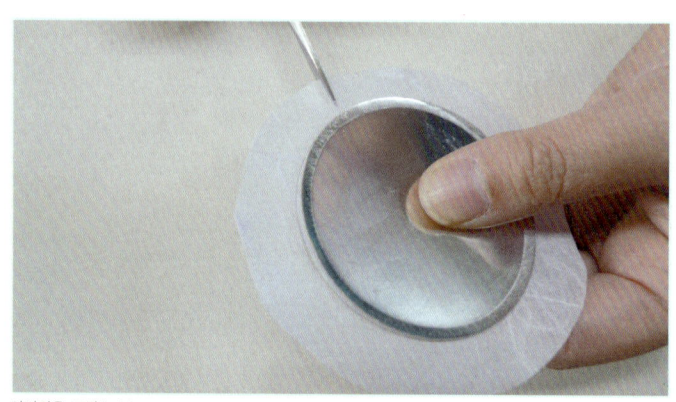

양면거울_도판2-19

양면거울_도판2-20

step.03

가위집이 난 한지를
겹치면서 돌려 접어
문방풀로 원형 안쪽에
밀어 넣어 붙인다.

제4장 현대생활에 자수 활용하기　　양면거울 mirror

양면거울_도판2-21

step.04
/
가운데 공간도
깔끔하게 한지를
붙여 놓는다.

양면거울_도판2-22

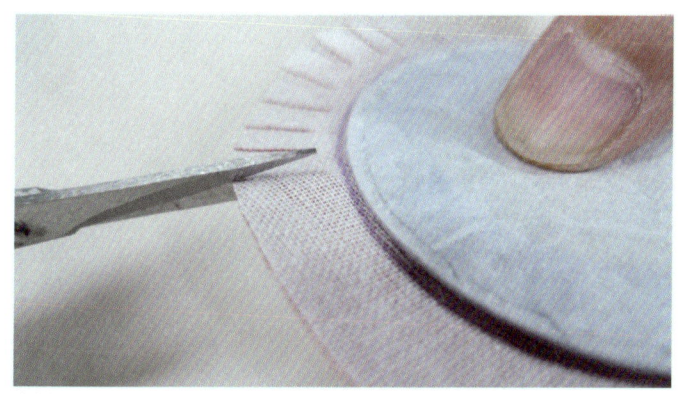
양면거울_도판2-23

step.05
/
바탕천 수 놓인 부분의 중심에
A안쪽모형을 대고
모형을 따라 1cm 정도의
시접을 두고 오려낸 다음,
가장자리에 **step.02**와 같은
방법으로 일정하게 가위집을 낸다.
이 때 가위집이 너무 깊이 들어 가지
않도록 세심한 주의가 필요하다.

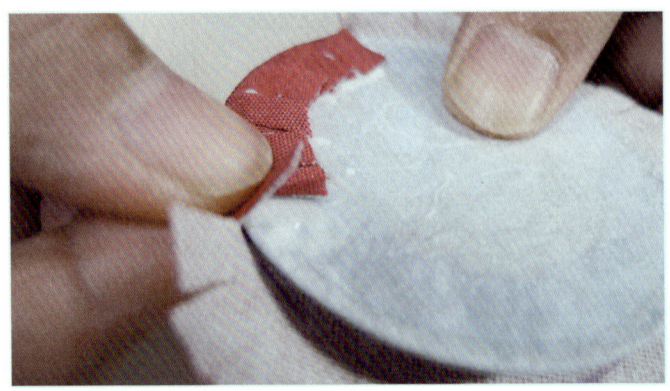
양면거울_도판2-24

step.06
/
가위집이 난 시접을
도판과 같이 섬유접착풀로
겹쳐가면서 모형 안쪽에
밀어 넣어 붙인다.

step.07
/
풀이 모두 마르면
가운데 빈공간에
준비된 안감을 붙여
깔끔하게
마무리한다.

양면거울_도판2-25

양면거울_도판2-26

양면거울_도판2-27

step.08

B바깥모형에 가장자리 5mm 정도는 남기고 도판처럼 섬유접착풀을 바른다.

양면거울_도판2-28

step.9 / 미리 준비해 둔 A안쪽모형을 B 바깥모형에 중심을 잘 잡아서 끼워 붙이면 완성된다.

현대생활에
자수 활용하기

3.

브로치

브로치 brooch

현대생활에서 액세서리는 패션의 일부이다. 그중에서 옷 위에 부착하는 브로치는 옷의 색상에 따라 그 아름다움을 다양하게 연출할 수 있다. 현대 감각에 맞는 여러가지 문양을 그린 다음 아름다운 색상으로 자수를 놓아 예쁜 브로치를 만들어 보자. 스카프와 코디하면 사용할 수 있는 범위는 넓다.

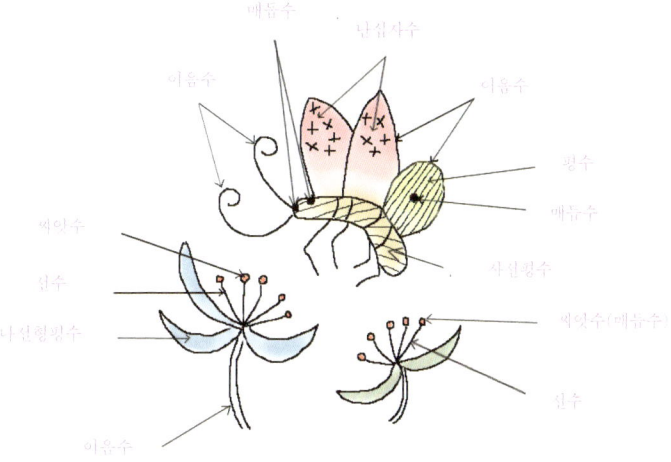

브로치_도판3-1

만드는 방법

준비물

브로치_도판3-2

수놓기 1_ 꽃과 나비

브로치_도판3-3

step.01
/
그려진 도안을
전체적으로
잘 이해한다.

브로치_도판3-4

step.02
/
먼저 각각의 꽃잎을
보라색과 핑크색으로
나선형평수를 놓아
완성한다.

브로치_도판3-5

step.03
/
나비 몸통은
사선평수로 놓는다.

브로치_도판3-6

step.04
/
나비 날개 가장자리를
이음수로 나타낸다.

브로치_도판3-7

step.05
/
앞날개 안쪽을
난십자수로 채운다.

브로치_도판3-8

step.06
/
뒷날개는 진보라색
평수를 놓고,
이음수로 나비 몸통의
마디를 표현한다.
다리 마디는 세사(가는 실)로
징금수를 놓아 표현한다.

브로치_도판3-9

step.07

나비의 더듬이는
다리와 같은
세사(가는 실)를 이용하여
이음수를 놓는다.

브로치_도판3-10

step.08 / 나비 뒷날개 평수 위와 꽃잎 중심의 꽃씨는
노란색 매듭수(씨앗수)를 놓아 완성한다.

브로치 만들기

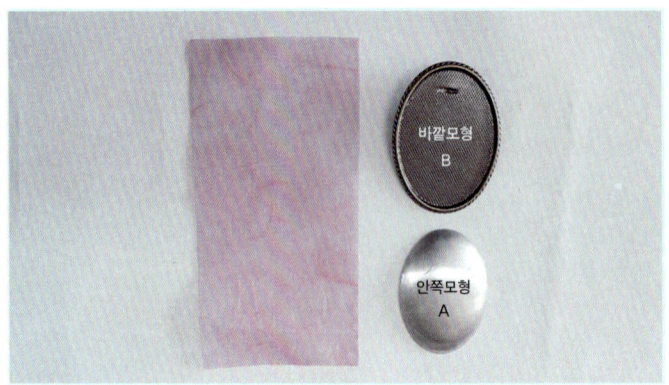

브로치_도판3-11

step.01
/
브로치 A, B모형과
한지를 준비한다.

step.02
/
한지에 브로치
A안쪽모형을 대고
1cm 정도의 시접을
두고 오려 낸 다음,
시접을 겹쳐가면서
문방풀로 모형 안쪽에
돌려 붙인다.

브로치_도판3-12

브로치_도판3-13

step.03
/
브로치 A안쪽모형
가운데 부분도 한지를 발라
모형 전체를 감싼다.

제4장 현대생활에 자수 활용하기 브로치 brooch

브로치_도판3-14

step.04
/
수놓은 바탕천과 접착천을
준비한다.

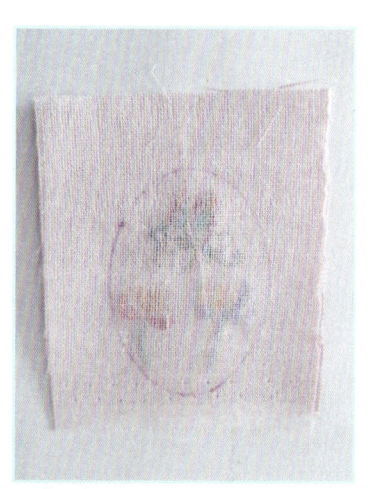
브로치_도판3-15

step.05
/
수놓은 천 뒷면에
접착 천을 대고 다림질로
붙여 놓는다.

브로치_도판3-16

step.06
/
접착천이 붙은
바탕천과 한지를 붙여 놓은
A 안쪽모형을 준비한다.

브로치_도판3-17

step.07

수놓은 접착천 안쪽에
A안쪽모형을 올려놓고
수를 중심으로
공기펜으로 모형을 따라
원을 그린다.

step.08

바탕천에 A안쪽모형을
대고 시접을 약 1cm 정도
남기고 잘라낸 후,
도판과 같이
약 0.5cm 정도의 간격으로
돌려가며 가위집을 낸다.

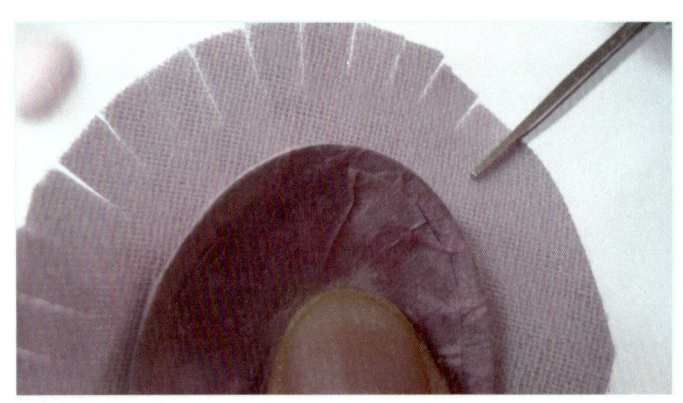
브로치_도판3-18

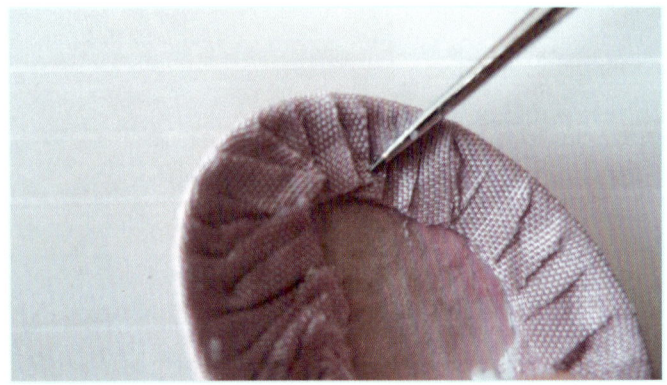
브로치_도판3-19

step.09

가위집에 섬유접착풀을
바르고 모형 안쪽에
겹치듯이 돌려가면서
밀어 넣어 붙인다.

브로치_도판3-20

step.10

/

바탕천을 붙인
A 안쪽모형과 B바깥모형을
준비한다.

step.11

/

B바깥모형에 접착풀을
바른 후 A안쪽모형을
끼워넣으면 브로치가
완성된다. 이 때
풀이 눌리면서 밖으로
새어 나오는 것을
방지하기 위해 B바깥모형의
가장자리 3mm 정도는
남겨두고 풀을 발라야 한다.

브로치_도판3-21

브로치_도판3-22

step.12

/

완성된 브로치

현대생활에
자수 활용하기

4.

러너와 테이블세트

제4장 현대생활에 자수 활용하기 · **러너와 테이블세트** runner and table set

린넨 러너와
패드 만들기

도안

테이블매트

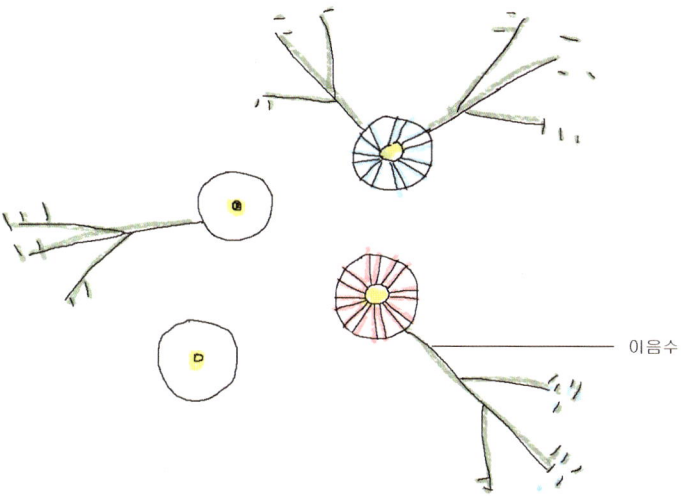

이음수

꽃 표현하기

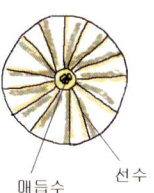

매듭수 선수

냅킨

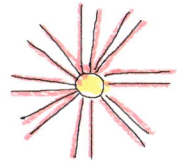

3 → 4
1 → 2

냅킨홀더

만들기 순서

러너

1. 러너 완성 사이즈 겉감을 재단한다.
2. 안감 폭은 겉감보다 4cm 더하고 길이는 겉감과 같이 재단한다.
3. 겉감과 안감을 겉과 겉이 마주 보게 하여 시접 1cm로 양쪽 폭을 먼저 바느질해 둔다.
4. 바느질한 러너를 뒤집고 다림질하여 폭의 양쪽 선을 깔끔하게 잘 정리해 둔다.
5. 러너의 양쪽 끝은 레이스 a를 돌려 바느질 한다.

냅킨

그림을 참고해서 레이스로 돌려서 바느질해 준다.

홀더

수를 반으로 접어 시침하고 그림을 참고하여 레이스 b로 돌려서 바느질해 준다.

테이블 매트

1. 매트 완성사이즈로 겉감을 재단한다.
2. 안감 길이는 겉감보다 4cm 더하고 폭은 겉감과 같이 재단한다.
3. 겉감과 안감의 앞면을 마주 보게 놓고 시접 1cm로 양쪽을 바느질한다.
4. 3.까지 끝난 다음 바느질한 매트를 뒤집어서 다림질하여 선을 잘 정리해 둔다.
5. 매트의 양쪽은 레이스 a를 돌려 바느질해 주면 완성된다.

러너

1. 러너 사이즈로 겉감을 재단한다.

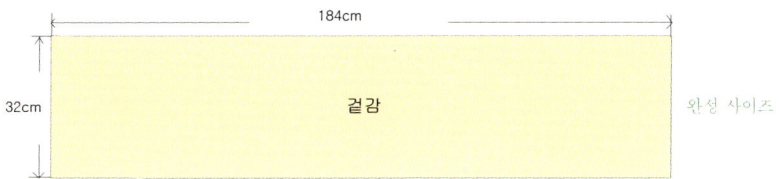

2. 안감 폭은 겉감보다 4cm 더하고 길이는 겉감과 같게 재단한다.

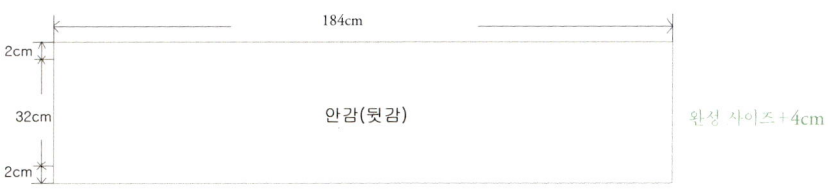

3. 겉감과 안감을 겉과 겉이 마주보게 하여 시접 1cm로 양쪽 폭을 먼저 박아둔다.

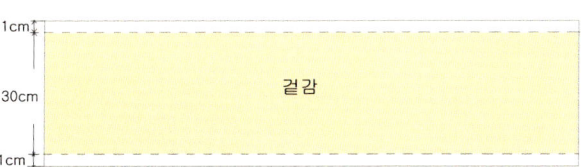

4. 박은 러너를 뒤집어 다림질하고 폭 양쪽 선을 정리해 둔다.

5. 양쪽 끝 마무리는 레이스로 돌려 박는다.

겹친 시접의 측면 모습

매트

앞판

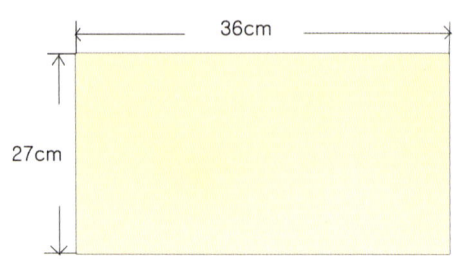

뒷판

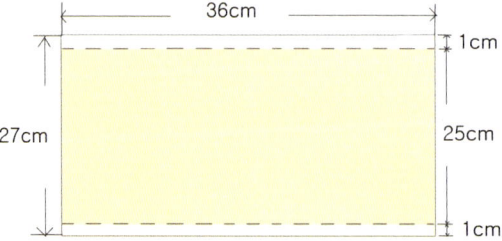

냅킨

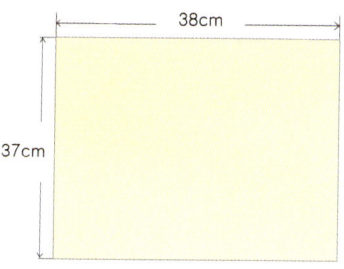

0.5cm 두께로 시접을 두 번 접는다.

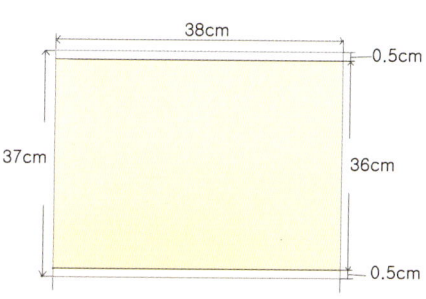

홀더

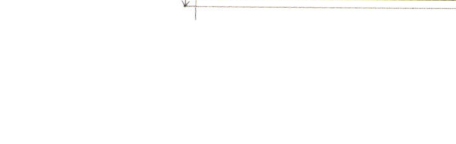

안으로 접는다.

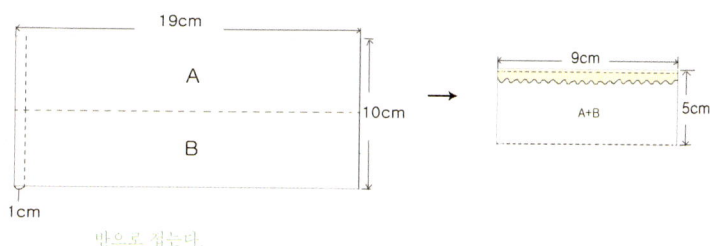
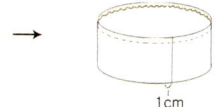

만드는 방법

준비물

러너와 테이블세트_도판 4-1

수놓기

러너

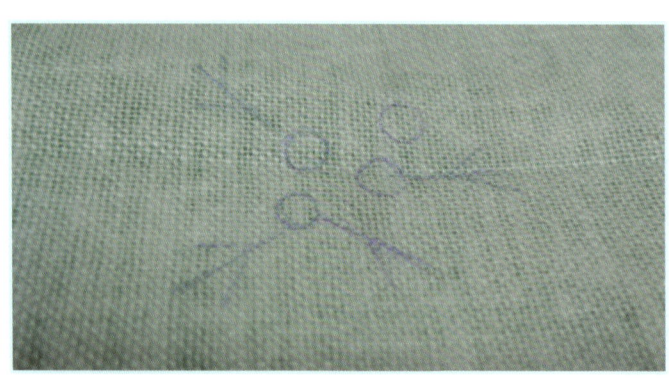

러너와 테이블세트_도판 4-2

step.01

야생화 도안을
전체적으로 이해한다.

제4장 현대생활에 자수 활용하기　　러너와 테이블세트 runner and table set

러너와 테이블세트_도판 4-3

step.02
/
줄기부터
이음수로 수를 놓아 간다.

러너와 테이블세트_도판 4-4

러너와 테이블세트_도판 4-5

step.03
/
꽃잎은 선수로 2번씩
간격을 두면서 중심을 향해
수를 놓는다. 색을
달리 하여 같은 기법으로
꽃을 모두 완성한다.

러너와 테이블세트_도판 4-6

step.04
/
꽃의 중심에
매듭수를 한 번 놓아
꽃술을 나타낸다.

step.05
/
줄기 위의 꽃봉오리는
점수로 놓는다

러너와 테이블세트_도판 4-7

냅킨

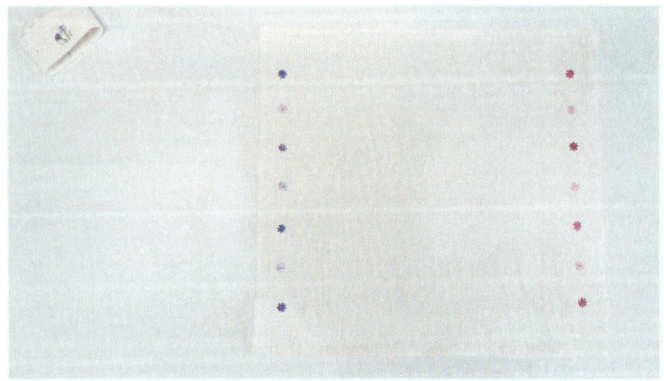

러너와 테이블세트_도판 4-8

step.01
/
꽃잎은 선수로
2번씩 간격을 두면서
중심을 향해 놓고, 꽃잎의
중심은 매듭수를 놓아
꽃문양을 모두 완성한다.

냅킨홀더

러너와 테이블세트_도판 4-9

step.01

줄기와 풀은 이음수로, 꽃 문양은 선수로 2번씩, 꽃의 중심은 매듭수로 하여 문양을 완성한다.

러너와 테이블세트_도판 4-10

러너와 테이블세트_도판 4-11

chapter

5

제5장

자수 도안

1. 기초도안

2. 응용도안

기초도안

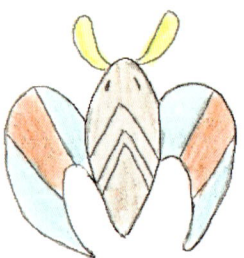

제5장 자수 도안　　　기초 도안　　　235

응용도안

골무/

바늘꽂이/

귀주머니

앞면

뒷면

머리끈/

브로치/

양면거울/

수보자기